L'Art de la drague 2.0

Dans la même collection

De chaque côté du lit, Librio n° 1155
Le Meilleur du pire des gaffes, Librio n° 1156
Avant j'avais une vie, maintenant j'ai des enfants, Librio n° 1136
Le Best-of des lois les plus bizarres dans le monde, Librio n° 1127
Bourgs et Calembourgs, Librio n° 1126
Les Pires Coups de pute, Librio n° 1100
Dico des injures oubliées, Librio n° 1028
Buvez à ma santé, Librio n° 722
Manuel de la gueule de bois, Librio n° 232

Les conseils avisés de
Steeve Bourdieu

L'Art de la drague 2.0

Librio
Inédit

Sommaire

Introduction

À qui s'adresse ce livre ?

- aux séducteurs de 7 à 77 ans ;
- aux séductrices de 7 à 77 ans ;
- aux maris et aux femmes fidèles ;
- aux femmes et aux maris infidèles ;
- et à tous les jeunes amoureux au cœur d'artichaut.

À qui ce livre ne s'adresse-t-il pas ?

- aux manchots (parce qu'ils n'ont pas de bras) ;
- aux eunuques (parce qu'ils n'ont pas de zizi) ;
- aux animaux de compagnie (parce que) ;
- à Marc Dutroux. La séduction est un art de la réciprocité. Ne l'oublions pas.

Partie I :
Initiation à la séduction assistée par smileys

1. Pourquoi draguer par texto ? Avantages vs. la séduction traditionnelle

Les bien-pensants et autres gardiens de la pensée unique auront des mots durs contre la séduction 2.0, la jugeant déshumanisée et déshumanisante ou encore estimant qu'elle fait fi de ces petites choses qui font le charme d'une rencontre – ces regards complices, ces petits gestes de timidité ou encore ce gros roulage de pelle qui fait plaisir.

À tort ou à raison, je suis de ceux qui pensent que nous devons tirer profit de l'ensemble des outils dont nous disposons. En somme, assumer de vivre avec notre temps… même si parfois ça implique de se faire avoir et de souffrir (Ex. : dans le film *Her* de Spike Jonze, le personnage principal tombe amoureux de son iPhone).

Néanmoins faites-moi confiance : si vous parvenez à en maîtriser tous les rouages, le texto deviendra pour vous une véritable arme de séduction massive.

En effet, quand on y pense, draguer par texto présente de multiples avantages par rapport à la séduction classique. Démonstration :

1) La drague par texto favorise le mode « poly-séduction ».

Première grosse plus-value non négligeable : draguer sur un *smartphone* permet de se positionner sur plusieurs projets de séduction à la fois. Voyez l'exemple ci-dessous :

- Steeve envoie un premier texto à Nathalie : « Hey, salut, comment ça va ? »
- Grâce à la fonction « copier/coller » de son *smartphone*, il peut répliquer ce texto à foison et l'envoyer à d'autres interlocutrices de son répertoire téléphonique comme par exemple Natacha, Murielle ou encore Jean-Pierre.
- Steeve peut même se payer le luxe de « *customiser* » le texto en précisant le prénom de la cible : « Hey, salut MURIELLE, comment ça va ? »

L'avantage : aucune des interlocutrices ne sait qu'elle n'est pas l'unique destinataire de ce texto.
L'inconvénient : vous pouvez être victime de ce même stratagème de la part d'autrui. Nathalie peut très bien envoyer la même réponse à Steeve et à Bryan : « *Très bien, et toi ?* »

2) La drague par texto s'avère plus économique que la drague traditionnelle.

Considérons cette analyse de coûts comparés entre une « soirée drague texto » et une « soirée drague traditionnelle » :

Analyse de coûts	**Soirée drague par texto**	**Soirée drague traditionnelle**
Coût selon l'activité	• Manger des chips devant le canapé : 2,30 € chez Monoprix. • Envoi de SMS : 0,00 € grâce au forfait Free illimité. #astuce	• Restaurant à deux : 60 € • Cocktails : 40 € • Magnum en boîte de nuit : 500 € • Location limousine : 125 € • Chambre d'hôtel avec jacuzzi : 650 €
Addition totale	**2,30 €**	**1375 €** **soit votre salaire mensuel... :-/**

Soit une économie totale de 1372,70 € sur une soirée. Vous pouvez le constater : en cette période maussade de crise économique, draguer par texto constitue une alternative maligne aux petits problèmes de fin de mois.

3) La drague par texto permet de soigner votre communication.

Le format « écrit » s'impose comme une véritable chance, qui vous enjoint à être plus réfléchi et plus stratège dans votre plan de séduction. Le texto permettra en effet de formuler plus finement vos intentions, par comparaison avec une situation de face-à-face où l'émotion, nécessairement au rendez-vous, peut vous faire perdre vos moyens. Exemple :

Par texto : « Mon cœur rougit d'une telle audace
d'être à tes côtés ! »
vs.
En face-à-face : « Euh... jte kiffe zizi tout dur... »

Eh oui, on n'y pense pas assez, mais draguer par texto présente des avantages incomparables sur le plan de l'élocution, ce qui permet notamment aux bègues de séduire. #astuce. D'ailleurs, le graphe suivant montre très bien la progression des performances des bègues dans le domaine de la séduction grâce aux nouvelles technologies mobiles :

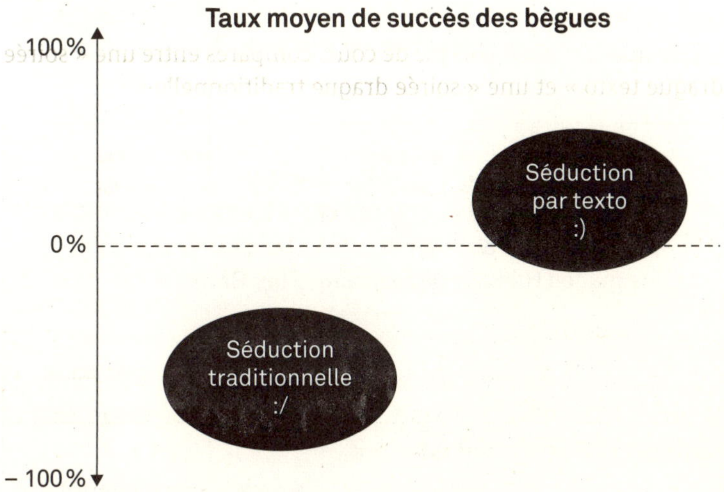

Dans un registre similaire, séduire par texto est également très commode pour les gens de petite taille ou les gens qui ne possèdent pas de jambes et qui ne voudraient pas tout de suite annoncer la couleur à leur interlocuteur*.

Enfin, si draguer par texto peut s'avérer délicat pour les manchots, l'application SIRI pourra cependant aider les manchots privilégiés détenteurs d'iPhone. Par contre, un muet manchot restera dans la merde.

*En effet, ne pas avoir de jambes peut malheureusement jouer en votre défaveur niveau séduction dans la vraie vie.

4) La drague par texto facilite la discrétion séductionnelle.

Séduire par SMS est aussi très pratique pour agir en toute impunité : nul besoin de justification, vous êtes libre de draguer qui vous voulez (femme, homme, hamster) marié ou non à partir du moment où vous chopez son 06. Et contrairement aux tentatives foireuses que vous effectuez dans les bars et boîtes de nuit, vous n'aurez pas à subir les quolibets de vos ami(e)s ni les foudres des concubin(e)s de vos cibles. La drague par texto vous permet ainsi de repousser les limites du possible et de rendre l'inenvisageable envisageable. Si ça, ce n'est pas une bonne nouvelle !

5) La drague par texto est très efficace pour créer le fantasme.

« — Tu fais quoi là ?
— Écoute... Je suis en petite nuisette et je bois un verre de Château Pétrus sur la terrasse de mon duplex... et toi ?
— ☺ »

Vs la vraie vérité :

« — Tu fais quoi là ?
— Bah écoute, je suis en survêtement Reebok affalée sur le canapé en train de boulotter des Knacki Balls et des glaces Häagen Dazs devant Plus Belle La Vie. Et toi ?
— ☹ »

Tant que les *smartphones* ne sont pas équipés de détecteurs de mythos, n'hésitez pas à vous construire un personnage sexy et intrépide. PROFITEZ-EN !

En conclusion :

Les avantages de la séduction 2.0 sont légion par rapport à la drague traditionnelle, ce qui est une nouvelle réjouissante pour vous, qui avez dépensé 3 € pour acheter ce livre. Une dépense utile ! Bien sûr, les jaloux diront : « Manque de courage », mais les vrais, comme Steeve Bourdieu, diront : « Peu importe le stratagème tant qu'il y a séduction. » Cependant, je répète à juste titre qu'il est hautement impropre d'opposer drague par texto et drague traditionnelle, lesquelles sont largement complémentaires. Vous apprendrez au fur et à mesure à mettre en œuvre une stratégie *offline/online* pertinente et efficace. Patience, mes ami(e)s, patience !

2. Pour commencer : draguer par texto, les erreurs à éviter

Si draguer par texto – on vient de le voir – présente de nombreux avantages pour le séducteur ou la séductrice qui sommeille en vous, cette activité n'en reste pas moins source de quelques risques collatéraux. Voici les règles que vous ne devez absolument pas oublier lorsque vous vous adonnez à cette noble discipline.

1) Considérer que draguer par texto est « une fin en soi ».

Ne perdez jamais de vue que ce que vous voulez, c'est CHOPER votre interlocuteur, et *a fortiori* lui faire l'AMOUR. Envoyer des textos, c'est bien beau, mais ça doit servir une cause plus noble : la revoyure physique. Contrairement aux idées préconçues, choper un numéro ne veut pas dire que vous allez choper sa/son propriétaire. Vous avez encore tout le temps de bien merder votre coup. Voici le parcours séductionnel classique à suivre :

- étape 1 : la première rencontre (fortuite) qui amène un échange de numéros ;
- étape 2 : la séduction par SMS interposés ;
- étape 3 : une entrevue en chair et en os qui vous permet de concrétiser les choses.

> *Astuce de Steeve : Au départ, fixez-vous un objectif de 5 textos maximum pour convenir d'une revoyure. Sinon, ça va encore traîner, cette histoire, et on va vous coiffer au poteau. Être chauve n'y changera rien.*

2) Envoyer des « assommoirs » par texto alors qu'on n'a pas la prose de Zola.

L'idée avec la drague par texto, c'est de préchauffer le four (métaphore boulangère) avant d'enfourner vos miches (métaphore boulangère filée). En d'autres mots, il s'agit de donner envie à votre interlocuteur de vous rencontrer physiquement et de provoquer le face-à-face séductionnel. Si vous lui avez déjà raconté toute votre *life* par texto, vous pouvez être sûr(e) de deux choses :

- d'une, il n'y a plus de mystère autour de votre personne (vous n'êtes donc plus un objet de curiosité, et encore moins le sujet de son fantasme) ;

• de deux, vous êtes certainement passé(e) pour quelqu'un de chiant.

Autant vous dire qu'à ce moment-là, vous avez autant de chances de séduire que Jo-Wilfried Tsonga d'arrêter de manger des Kinder Bueno. Donc n'oubliez pas : restez bref et mystérieux. Faites naître l'intérêt par un *teasing* permanent de votre personne.

> *Astuce de Steeve : Envoyez le texto « J'adore quand… » sans finir votre phrase afin de frustrer votre interlocuteur. Ce dernier aura de toute évidence envie de connaître la suite et répondra à ce texto de la plus belle des manières : « Tu adores quand quoi ? Je veux savoir ☺ » #astuce*

3) Lire les textos avec hâte et *a fortiori* y répondre trop rapidement.

Vous ne voulez pas passer pour un(e) petit(e) soumis(e) du texto. Prenez le temps de bien faire patienter votre interlocuteur pour créer de la frustration et de l'attente.

> *Astuce de Steeve : Au début, attendez toujours au moins 15 minutes avant d'ouvrir un texto car une fois le texto lu, on a toujours la tentation d'y répondre dans la foulée.*

4) Faire fi de la limite entre séduction et harcèlement.

Le juste milieu est toujours difficile à trouver… Mais vous conviendrez qu'il y a tout de même un monde entre :

« Salut, comment ça va ? »

et :

« Salut, comment ça va ? »

« Je nous ai pris deux places au fait pour le concert de Justin Bieber, ça te dit ? »

« Pourquoi tu me réponds pas ?… ☹ »

« Ça te plaît pas, Justin Bieber ? »

« OK, tu réponds pas… :'(»

« La vie est une chienne ☹ »

« Je veux mouriiiir »

« OK, si tu me réponds pas maintenant, je te jure, je me suicide. »

L'arbitre s'avance vers le séducteur. Il met la main à la poche… Et c'est le carton rouge bien sûr ! On ne veut plus revoir ces comportements sur le terrain de la séduction 2.0.

> *Astuce de Steeve : N'envoyez jamais plus de 3 textos d'affilée. Une conversation est un ballet qui se danse à deux. Bon, bien sûr, cette règle est flexible : si vous avez Parkinson, on vous le pardonnera.*

5) Oublier que vous n'avez pas élevé les vaches et les ornithorynques ensemble.

Essayez d'éviter les familiarités avec votre interlocuteur au début. Je sais bien qu'il est très facile de prendre le chemin de la proximité lorsqu'on se cache derrière un *smartphone* et d'omettre par la même occasion que vous n'avez pas élevé les chèvres et les fox-terriers ensemble, mais faites attention quand même.

> *Astuce de Steeve : Là j'ai pas d'astuce. Faut juste bien vous rappeler que vous n'avez pas élevé les brebis et les poneys ensemble. C'est important.*

6) Abuser du second degré dans vos textos.

Si le texto crée l'ambiguïté sexuelle, il peut aussi créer l'ambiguïté humoristique, c'est-à-dire qu'on ne saura pas vraiment si vous êtes un individu doté d'humour ou non. En effet, le second degré est parfois difficile à interpréter par texto.

Par exemple, répondre : « Bah, dis donc, ça commence bien » par texto alors que votre interlocuteur vous annonce qu'il a un cancer pourrait être mal interprété. Ce qui aurait été une blague assez cocasse *in real life* devient potentiellement un très mauvais point pour vous.

> *Astuce de Steeve : Limiter scrupuleusement les blagues sur Hitler et les violeurs d'enfants (sauf si elles sont particulièrement drôles et pertinentes dans la situation). Croyez-moi, le rendu est toujours moins bon par texto.*

7) Se tromper de prénom dans vos textos.

Si vous êtes positionné sur un projet de type « poly-séduction », la faute classique consiste à confondre les prénoms de vos interlocuteurs. Jetez donc un coup d'œil cathartique à cette regrettable erreur qu'on rapporte encore trop souvent sur le marché de la séduction 2.0.

Le pitch : Ouvert d'esprit et ambitieux, Steeve tente de séduire Anne-Charlotte et Jean-Louis par texto en même temps.

La faute commise : Malencontreusement, Steeve envoie le texto suivant à Anne-Charlotte :

« Hey, salut Jean-Louis, ça te dirait de prendre un verre ce soir ? »

En lisant ce texto, Anne-Charlotte réalise que Steeve est en train de séduire un autre individu nommé Jean-Louis en même temps qu'il tente de la séduire elle. N'importe quel humain normalement constitué se sentirait lésé dans cette affaire. Très logiquement, après cette bévue, Anne-Charlotte ne voudra plus parler à Steeve. Steeve n'aura plus que Jean-Louis dans sa besace, lui-même étant un projet à l'issue très incertaine (Jean-Louis est très exigeant en amour). Faites donc très attention à qui vous écrivez sous peine de tuer de potentielles belles histoires dans l'œuf ☹.

Astuce de Steeve : Toujours relire plusieurs fois son texto avant de l'envoyer à son destinataire.

8) Être trop fleur bleue.

Jouez-la détaché du texto. Vous aurez tout le temps de chanter vos déclarations à la mandoline une fois que vous aurez trempé le biscuit. #abnégation

Astuce de Steeve : Lorsque vous entamez un processus de drague par texto, ne dites jamais par SMS ce que vous ne diriez pas en face-à-face. N'écrivez donc pas de poèmes et n'employez aucune citation philosophique de merde – au risque de passer pour une baltringue.

3. Apprendre en s'amusant : mieux comprendre les enjeux d'une ponctuation maîtrisée

Comme en politique, la bonne communication est une dimension clef du succès dans la discipline de la séduction 2.0. En particulier, la ponctuation joue un rôle prépondérant dans la compréhension de nos messages. Tentons de mieux comprendre son impact en considérant deux exemples de textos envoyés à deux phases différentes d'un processus de séduction.

Type 1 : le texto un peu taquin – « T'es vraiment nulle » – envoyé à un stade précoce de la démarche séductionnelle.

Type 2 : le texto pour conclure – « J'ai envie de toi » –, qu'on envoie généralement à un stade ultérieur de la séduction (sauf si vous êtes un petit enfoiré de pervers).

1) L'importance de la ponctuation pour taquiner sournoisement.

a. Le point d'exclamation : « T'es vraiment nulle ! »

Par nature, le point d'exclamation amplifie la portée d'un propos, qu'il soit positif ou négatif. Dans l'exemple ci-dessus, mon but paraît clairement être : insulter de façon plus ou moins gratos l'interlocuteur. Le point d'exclamation est une méthode de communication claire, mais constitue une erreur, classique rassurez-vous, dans le cadre du texto taquin.

En effet, le texto un peu taquin vise à taquiner et non à insulter, encore moins à blesser. Il conviendrait donc d'adoucir la virulence de votre propos (vous êtes en train de dire à cette fille qu'elle est nulle, ce qui n'est pas très sympa). Comment ? En utilisant une ponctuation plus douce afin de dédramatiser le texto, comme dans l'exemple ci-dessous.

b. Les sourcils espiègles : « T'es vraiment nulle ^^ »

Bon exemple de taquinerie en bonne et due forme. L'usage des sourcils espiègles permet de dédramatiser bien des situations : « J'ai un cancer ^^ », ou encore : « Ça m'arrive d'écouter du Kendji Girac ^^ ». Les sourcils espiègles signifient littéralement : « Je dis ça pour rire, même si c'est un peu vrai. » C'est la ponctuation à utiliser en priorité pour un texto taquin.

c. Le point : « T'es vraiment nulle. »

Ici encore, j'insulte purement et simplement l'interlocuteur avec ce point vengeur qui renforce le sentiment d'une sentence nette et péremptoire. Vous aurez l'air furax. Si vous êtes furax contre la personne, utilisez-le mais, du coup, ne nous mentons pas, ce n'est plus un texto taquin.

d. Le point-virgule : « T'es vraiment nulle ; »

Là, il est clair que je suis bourré car plus personne n'utilise le point-virgule depuis 1976.

e. Le point d'interrogation : « T'es vraiment nulle ? »

Je questionne la personne sur sa potentielle nullité. Ici pas d'affirmation : je demande confirmation – cette ponctuation interrogative ne fonctionne donc pas dans le cadre d'un texto taquin.

2) L'importance de la ponctuation pour conclure :

a. Les trois petits points ou encore « points de suspension » : « J'ai envie de toi… »

Les trois petits points sont la pierre angulaire de la création de l'ambiguïté et de la tension sexuelle par texto. C'est un levier qui n'existe pas dans la vraie vie*. Regardez plutôt l'exemple suivant :

« J'ai envie de boire un verre avec toi... »

Décryptage : les trois petits points feront courir l'imaginaire de l'heureux ou l'heureuse destinataire, qui sera certainement très soucieux/euse de savoir ce que réserve une telle proposition : un simple verre amical, une conversation sérieuse ou une partie fine ? Le mystère reste entier mais poussera votre cible à la curiosité et bientôt à l'audace… Ce genre de ponctuation est donc à utiliser sans modération dès que vous rentrez dans le vif du sujet (texto ambigu, texto un peu aguicheur, sexto, etc.). C'est la proposition de ponctuation idoine pour ce type de communication. BRAVO !

*Note : pour ceux qui en doutent, faites le test chez vous. Lancez à voix haute : « J'ai envie de boire un verre avec toi trois petits points. » Vous le constatez vous-même : ça n'a aucun sens.

b. Les points d'exclamation multiples : « J'ai envie de toi !!!! »

Prenez donc vos pilules et calmez-vous. Ne montrez pas tout de suite que vous êtes un marteau-pilon sur pattes. Ça peut inquiéter et rebuter.

c. Les sourcils espiègles : « J'ai envie de toi ^^ »

On le répète, les sourcils espiègles signifient : « Je dis ça pour rire, même si c'est un peu vrai. » Dans ce contexte, ils sont un bon moyen de limiter votre prise de risque ; si jamais la personne en face n'est pas réceptive, vous pourrez toujours dire : « Non mais t'inquiète, je dis ça pour rire ^^ » afin de vous dédouaner de toute perversion déplacée. #astuce

d. La virgule espiègle : « J'ai envie de toi, »

La virgule espiègle peut être un levier efficace pour générer la curiosité chez votre interlocuteur car il aura l'impression que vous n'avez pas terminé votre phrase. Le lecteur du texto attendra donc une suite qui ne viendra jamais, ce qui créera une frustration inouïe, donc le désir… voire le mystère : « Pourquoi a-t-il usé de cette virgule. Je m'interroge. Cette personne est décidément pleine de mystère. » À tenter !

Conclusion :

On a vu à quel point le sens peut changer d'une proposition à une autre selon la ponctuation utilisée. Veillez donc à bien vous relire avant d'envoyer un texto séductionnel et posez-vous la question de son objectif : taquiner, amuser, séduire, chauffer le four… ? Tout est à prendre en considération.

Astuce de Steeve : Si vous n'êtes pas sûr(e) d'avoir utilisé la bonne ponctuation, envoyez-vous le texto au préalable et voyez comment vous l'interpréteriez en tant que destinataire. #astuce

Le courrier des lecteurs :

« Salut Steeve ! Parfois j'envoie mes textos en majuscules pour que la fille comprenne bien mon propos. Est-ce que c'est une bonne astuce ? » William Saurin, du Loir-et-Cher.

Salut William ! Le texto en majuscules est un grand classique des gens nés avant 1960. Ce type de texto envoyé intégralement en majuscules est à éviter car il te fait passer soit pour une personne âgée (donc un vieux pervers), soit pour un dealer de drogue en pleine montée. « J'AI ENVIE DE TOI ». Tu vois ? Donc prudence !

4. Pour aller plus loin : envisager les *smileys* pour séduire

Dans la communication humaine normale, 90 % de ce que nous disons ne provient pas de nos mots. C'est Hitch, expert en séduction, qui le dit dans le film du même nom. Déduction logique : en envoyant un texto, on se coupe potentiellement de 90 % de notre potentiel de communication, ce qui peut perturber l'échange ainsi que la transparence de votre démarche. On comprend alors toute l'importance de faire bon usage des *smileys*, outil idoine pour donner plus d'allant à vos émotions et donc plus d'ampleur à votre plan de séduction.

1) Petit tour d'horizon des principaux smileys et de leur signification :

Smileys	Signification	Exemples pertinents d'utilisations
:-)	Être content ou heureux comme une hirondelle.	— Ça te dit de manger une glace avec moi ? — Oui :-) Ce smiley traduit un sentiment de plénitude et une joie ponctuelle et instantanée.
:D	Être vraiment hyper content ; gratifier son entourage d'un sourire goguenard.	— Ça te dit de manger une glace avec moi ? — Oui :D Ici le sentiment de plénitude est exacerbé. On peut imaginer que cette personne apprécie particulièrement les glaces.
XD	Être mort de rire, genre se taper une énorme barre.	— Monsieur et Madame Duff ont un fils ; comment l'appellent-ils ?... John... John Duff. AHAH. — XD Lorsque la blague est de qualité, ce *smiley* s'imposera logiquement.
;)	Le clin d'œil complice.	— Franchement, on est vraiment trop complices, je trouve. — ;) Ce smiley est à utiliser lorsqu'on acquiesce ou qu'on souhaite insister sur la connivence entre son interlocuteur et soi. C'est également un *smiley* un peu roublard car, on le sait, faire un clin d'œil dans la vraie vie est un moyen de chauffer sexuellement votre cible. #astuce

:-o	« Oh ! » En mode : « Dis donc, je suis très étonné par ce que tu me dis ! » ou encore : « Je suis choqué ! »	— Arrête de m'écrire, j'aime les hommes. — :-O Ce *smiley* traduit l'étonnement et la surprise de l'utilisateur, ici une séductrice qui ne semblait pas s'attendre à un *coming out* du keum qu'elle tentait d'encanailler.
:'-)	Pleurer de joie et d'allégresse.	— Je suis enceinte Jérôme. — :'-) Dans cette situation, l'usage du *smiley* « :'-) » colle parfaitement car il maintient un soupçon d'ambiguïté cohérent : Jérôme semble pleurer de bonheur en réagissant à cette grande nouvelle, mais on imagine aisément sa petite larmichette de tristesse en pensant à toutes les bières qu'il ne pourra plus boire avec ses copains.
:-(	Être triste comme un petit enfant obèse loin d'un chocolat Kinder.	— Désolée, ce soir je ne peux pas : je suis chez mon amant. — :-(Ce *smiley* rend compte de la tristesse de l'utilisateur. Il vise à informer l'interlocuteur que vous n'êtes pas content de ladite situation (c'est-à-dire que votre femme dorme chez son amant).
:'-(	Pleurer comme une madeleine ; chialer sa mère.	— Je te quitte, t'es devenu trop gros. — :'-(Ce *smiley* dit tout le chagrin de la personne en réponse à une nouvelle ou à une situation donnée. Attention à ne pas abuser de ce *smiley* au risque de passer pour un petit babtou fragile.
:-P	Tirer la langue.	— N'empêche, quand j'y repense, t'as vraiment un énorme sexe !! — J'avoue :P C'est le *smiley* du coquin ou du farceur, à n'en pas douter. À utiliser avec modération pour ne pas passer pour un petit enfoiré de pervers. Notez que vous prendrez vite le réflexe incontrôlable de tirer réellement la langue en l'utilisant, ce qui démontre toute la puissance de ce *smiley*.

:-/	Être sceptique, demeurer perplexe, ou encore être embêté pour autrui.	— Mauvaise nouvelle : je viens d'apprendre que j'ai le SIDA. — :-/ Cet exemple n'est qu'une illustration parmi tant d'autres, ce *smiley* jouissant d'une grande polyvalence d'usages.

2) Comment les *smileys* impactent vos textos ?

Tentons de mieux comprendre ensemble en quoi un *smiley* peut changer drastiquement le sens de votre texto. Comme diraient les sites de *buzz* sur Internet : « Ce que vous allez voir va vous étonner. »

Considérons ainsi la phrase suivante : « Ça te dirait d'aller boire un verre ? », qui constitue, vous l'admettrez, le degré zéro de la drague, l'alpha du chafouinage, le B.A.-BA de la proposition séductionnelle. Et maintenant métamorphosons cette phrase en y ajoutant un *smiley* différent chaque fois, histoire de constater à quel point le message perçu en est impacté.

a. « Ça te dirait d'aller boire un verre ? ☺ »

L'utilisation la plus naturelle. C'est le *smiley* qui s'impose pour cette proposition. Vous passez ici pour quelqu'un de mignon et d'expressif qui assume ses choix et ses envies. Vous montrez que l'idée de passer du temps à siroter un jus de pamplemousse avec votre interlocuteur constitue une véritable promesse de bonheur. L'optimisme est une valeur qui multiplie vos chances de séduction. Sans en abuser – vous n'êtes pas un Teletubby non plus – ce *smiley* sera un atout certain pour humaniser vos échanges par texto.

b. « Ça te dirait d'aller boire un verre ? ☹ »

Ici vous semblez vivre un calvaire rien qu'à l'idée de proposer un verre à l'interlocuteur que vous tentez de séduire. C'est une très mauvaise idée. L'auteur d'un tel texto sera perçu comme radin (l'idée d'offrir un verre semble le rendre malheureux) ou alors totalement incohérent (être triste à l'idée de faire quelque chose de cool !) – à moins que son interlocuteur ne soit en réalité un petit fils de pute méchant et sans intérêt, ce qui expliquerait la tristesse ressentie par le demandeur lorsqu'il propose ce verre en sa compagnie. Mais dans ce cas-là, pourquoi lui proposer un verre ? À moins que quelqu'un n'ait forcé le demandeur à envoyer ce texto dans le but de le faire chanter ? Cela semble être la seule raison plausible pour utiliser un tel *smiley* dans ce contexte de séduction. Mais ça n'a plus trop de sens pour ce livre. Je termine donc cette digression ici.

c. « Ça te dirait d'aller boire un verre ? XD »

Comme vous pouvez le constater ici, l'auteur d'un tel texto passera rapidement pour un petit puceau ou une fan de Justin Bieber. Donc <u>attention</u> avec le *smiley* « XD ».

D'ailleurs, si vous ne deviez retenir qu'une règle de ce chapitre : dans un contexte de séduction par texto, le *smiley* « XD » est rarement celui qui convient. Sauf si vous draguez un collégien ou une collégienne. Mais ça, c'est un autre problème.

d. « Ça te dirait d'aller boire un verre ? :-/ »

Ce scepticisme frontal genre : « De toute façon ça ne marchera pas » vous honore (c'est un moyen de se protéger comme un autre). Malheureusement, un tel pessimisme se transforme souvent en prophétie autoréalisatrice. Être pessimiste n'a jamais été considéré comme un gros atout dans l'art de la séduction. En général, les gens n'aiment pas la fatalité. Donc mon conseil : allez-y mollo avec ce *smiley* en début de séduction.

Note : cette approche pourra peut-être fonctionner avec des individus amateurs de défis particulièrement compliqués, genre des individus qui courent des marathons ou qui regardent *Koh-Lanta*. Lol.

e. « Ça te dirait d'aller boire un verre ? :-P »

Ici, vous passez clairement pour un petit coquinou qui a quelque chose derrière la tête. C'est donc à vos risques et périls : souhaitez-vous vraiment passer pour un(e) petit(e) obsédé(e) ?

Pour nuancer, ce *smiley* a au moins le mérite d'être clair : vous faites savoir à votre interlocuteur que cette proposition cache des intentions moins anodines qu'un banal verre. Et s'il accepte, c'est banco ! Car il ou elle aura accepté en toute connaissance de cause.

Conclusion :

Sans tomber dans un kikoolol exaspérant, les *smileys* vous aideront à mieux dévoiler vos intentions et à mieux indiquer l'état d'esprit dans lequel vous vous trouvez. C'est très important. Il est toujours rageant, voire décourageant, de parler à un Frigidaire.

Être trop froid par texto ne vous fait pas passer pour quelqu'un de plus mystérieux, seulement de plus froid – c'est tout. À l'inverse, les *smileys* permettent de réchauffer les cœurs et de faire courir l'imaginaire d'autrui. Créer le fantasme, voilà l'un des beaux enjeux de cette initiation !

Le courrier des lecteurs :

« Salut Steeve, le mec que je veux me pécho est aveugle, est-ce que vous pensez que je peux lui envoyer des smileys en braille ? » Jennifer Tile, Alsace-Lorraine

Chère Madame Tile, gardez à l'esprit que ce qui compte avant tout dans la séduction, c'est de lui en mettre plein la vue. Lol. Steeve

5. Le premier texto à envoyer après une belle rencontre

Peu importe où et comment – que ce soit dans un bar, en boîte ou encore à une réunion des Alcooliques Anonymes –, vous venez juste, tel un rapace séducteur ou une hirondelle ensorceleuse, de récupérer un 06. Il est primordial d'en faire bon usage car le premier texto après une belle rencontre est déterminant. J'ai sélectionné et testé pour vous trois angles d'attaque pour ce premier message post-rencontre.

Note : Je précise qu'on parle de 100 % de réussite séductionnelle.

1) La sobriété et la concision

« C'était vraiment cool de te rencontrer ! J'aimerais beaucoup te revoir. Du coup, tu serais dispo pour une discussion autour d'un verre cette semaine ? »

Que la séduction par texto soit un art subtil et délicat ne signifie pas pour autant qu'il faut en faire des tonnes. La sobriété et le naturel ont du bon. Un petit texto pour dire que vous êtes content d'avoir rencontré la personne et que vous aimeriez simplement la revoir est parfois plus efficace que 1000 traits d'esprit et autres blagues séductionnelles (exceptée la blague « John Duff », qui surpasse tout).

Note : Quand je dis « jouer la carte de la sobriété », c'est un conseil à double sens : ça veut aussi dire qu'il ne faut pas être complètement torché quand vous écrivez ce premier texto post-rencontre.

2) La connivence et la référence à votre – court – vécu commun

Vous avez eu le temps de briser la glace lors de cette première rencontre, ne serait-ce que pour lui demander son 06 : le premier texto post-rencontre devra forcément exploiter le petit échange que vous avez eu *via* une petite *private joke*.

« J'espère que le jus de fruits qu'on a mis malicieusement dans ton verre ne t'a pas donné trop mal à la tête ce matin. En tout cas, ce serait un plaisir de partager un thé vert et une aspirine en ta compagnie. Si ça te dit... ? Tiens-moi au courant ☺ À très vite. XXX »

Cette *private joke*, on l'imagine aisément, semble renvoyer à une discussion de la soirée de la veille avec l'interlocuteur (au moment de servir les godets, plus précisément). Ce stratagème permet de recréer d'entrée de jeu la sympathique connivence créée la veille. C'est sans fioritures, fin et parfaitement exécuté.

3) La mignonnerie et la gentillesse

« Bonjour Robert/Mireille ! Je n'ai pas eu la chance de beaucoup parler avec toi, mais tu m'as donné l'impression d'être quelqu'un de bien ! Ça te dirait de prendre un verre ou même de faire une balade en Vélib' ? Bien sûr, il existe mille raisons pour que tu refuses, mais je m'en serais voulu de ne pas t'envoyer ce message ! Bonne soirée à toi ☺ Et j'espère à bientôt ! »

Le message ultime. Le petit compliment original qui ne contient aucune arrière-pensée malsaine *et* le petit *smiley* tout mignon placé en fin de message. Je vous l'avais dit : ça ne s'invente pas. Il faut des années de pratique pour arriver à ce type de *perfection*. Oui, mesdames et messieurs, il s'agit d'un *PERFECT* car personne n'a envie d'être méchant avec quelqu'un d'aussi gentil. Ici, que vous vous adressiez à Mireille ou à Robert, il n'y a que deux options qui pourraient donner lieu à un refus :

- Votre interlocuteur n'est pas célib', mais dans ce cas-là, pas de regret…
- Votre interlocuteur est un(e) vilain(e) méchant(e), genre Hitler ou Francis Heaulme. Mais bon, *a priori*, vous saurez les reconnaître et n'aurez pas envie de les séduire. Qui plus est, vous avez en réalité peu de chances de tomber sur eux en teuf.

6. Le premier texto à NE PAS envoyer après une belle rencontre

1) Le texto Marc Dutroux

« Mon zizi est encore tout dur d'émotion de t'avoir rencontrée. »

Ce ne sont pas des choses qu'on dit dans le monde réel. N'ayez donc pas l'audace de les tenter dans le monde virtuel, surtout si vous venez juste de rencontrer la personne. Ce n'est pas une bonne façon de procéder avec une inconnue, croyez-en mon expérience personnelle.

2) Le texto « petite pucelle qui a des papillons dans le ventre »

« Franchement t'as trop conquéri mon cœur. #loveatfirstsight »

La faute de français et le *hashtag* sont largement proscrits pour le premier texto après une rencontre. Comme le dit si bien Lady Gaga qui nous gratifie régulièrement de belles leçons de vie dans ses chansons (cf. : *Born this way* et *Just Dance*), le *poker face* sera de mise au début.

3) Le texto « victime fragile »

« Bon, j'espère que je ne t'ai pas trop embêté(e) avec mes histoires. Si jamais tu as encore du temps à perdre ces prochains jours en ma compagnie, n'hésite pas. J'essaierai d'être moins chiant(e), promis. »

Personne n'a envie de choper un(e) petit(e) baltringue fragile. Ayez confiance en vous. On doit sentir dans votre texto que vous êtes le capitaine de votre barque. Assumez vos envies. Ne placez jamais votre interlocuteur sur un piédestal.

4) Le texto Mickaël Vendetta

« Tu dois être conquis(e). J'espère ne pas t'avoir trop ébloui(e) par mon charisme et mon physique ravageur. Quand aimerais-tu revoir mon beau faciès ? Cette fois, tu pourras peut-être me toucher ;) »

À l'inverse de l'exemple précédent, un surplus de confiance peut être interprété comme de la prétention. Évitez les superlatifs lorsque vous parlez de vous. Même si c'est de l'humour, ça paraîtra louche.

5) Le texto sangsue

« On se revoit quand ? Tu me manques déjà. Ça te dit qu'on aille à New York cet été ? Sinon, mes parents ont préparé un rôti de dinde à midi, tu es invité(e) ☺ »

Comme le dit le proverbe, il ne faut jamais mettre la charrue avant d'avoir tué l'ours. C'est particulièrement vrai en amour (même si *a priori* rien ne vous oblige à tuer un ours pour séduire quelqu'un : il s'agit d'une expression, bien sûr). Ne jamais proposer des plans trop engageants à un(e) presque inconnu(e). Comme moyen mnémotechnique pour vous aider, dites-vous que personne n'a envie de pécho une sangsue.

7. L'astuce timing pour envoyer le premier texto

J'aimerais profiter de cette tribune pour contester la théorie selon laquelle il faut attendre 3 jours après la première rencontre avant d'envoyer un texto. Généralement appelée « règle des 3 jours », cette légende est tout à fait désuète (sauf si, bien sûr, vous envoyez encore des pigeons voyageurs séductionnels). Ma démonstration s'appuiera sur un schéma montrant l'état d'excitation de votre interlocuteur relativement à votre rencontre en fonction du temps qui passe :

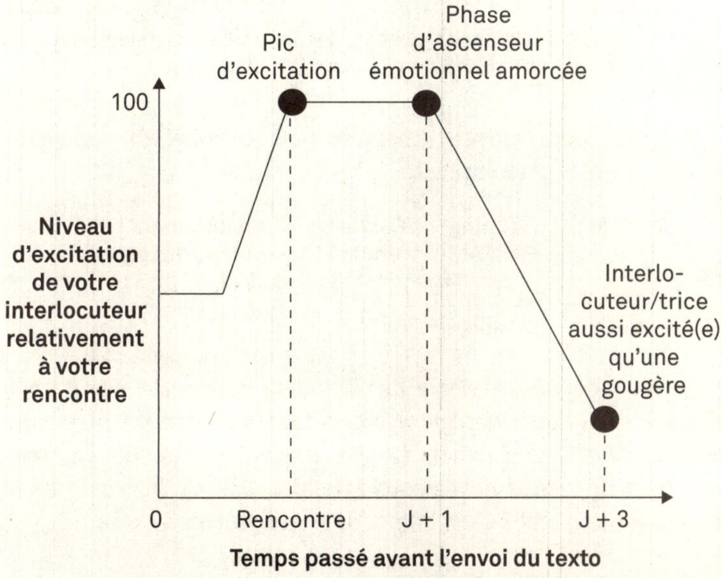

Attendre 3 jours un texto après une belle rencontre, c'est trop long. L'excitation du moment est passée ; vous avez raté le train de la séduction (alors que vous aviez une réservation en première classe… si vous voyez ce que je veux dire ;)). Certains diront qu'il est toujours possible de rattraper le coup, mais franchement… en poireautant 3 jours, vous laissez une fenêtre de tir trop importante pendant laquelle votre interlocuteur aura eu le temps de redescendre de son nuage, de changer d'avis, de se faire relancer par ses innombrables ex ou même de faire une nouvelle rencontre… NE JOUEZ PAS AVEC LE FEU, MES AMIS.

La règle de Steeve : Après une première rencontre, écrivez toujours le lendemain soir !

Pourquoi le lendemain soir ? Je compte deux raisons primordiales :

- Votre interlocuteur/trice aura suffisamment attendu pour être joyeusement frustré(e) mais pas encore assez pour se sentir déçu(e) et passer à autre chose.
- Le lendemain soir après une rencontre rime généralement avec la petite déprime post-réjouissance qu'on connaît bien. C'est donc un timing parfait car la personne ressentira le besoin d'entrer en connexion avec autrui et de s'attacher émotionnellement. Croyez-moi : votre texto complice sera plus que bienvenu, à l'instar d'un grain de riz dans l'estomac d'un enfant du tiers-monde.

Note : Je m'en veux un peu, cette comparaison est horrible.

Voici un petit moyen mnémotechnique pour vous souvenir quand écrire le premier texto :

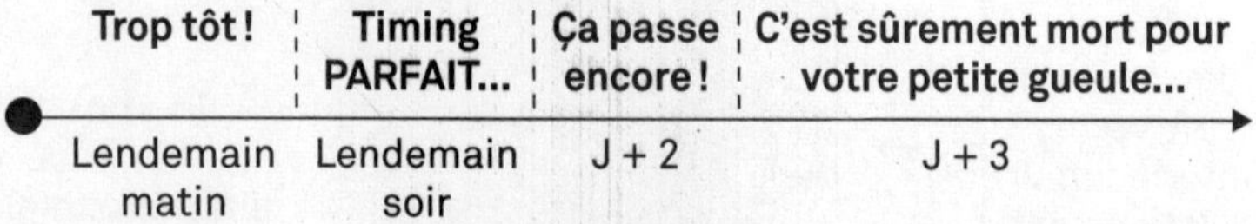

La légende de « la règle des 3 jours » véhiculée par Barney Stinson dans *How I Met Your Mother* étant déconstruite, nous pouvons à présent nous pencher sur une autre question qui compte : combien de temps devez-vous attendre avant d'ouvrir le texto qu'on vous envoie ? C'est l'objet de notre prochain chapitre.

8. Niveau expert : combien de temps attendre avant d'ouvrir un texto séductionnel ?

Si recevoir un texto est généralement synonyme de bonne nouvelle – quelqu'un a enfin voulu interagir avec vous et apparemment ce n'est pas un mauvais numéro – c'est aussi parfois une source d'angoisses qui se structurent autour du dilemme suivant :

→ **Combien de temps dois-je attendre avant d'ouvrir et de répondre à ce putain de texto ?**

Aujourd'hui, la plupart des *smartphones* informent l'expéditeur du moment auquel vous avez lu le texto, ce qui fournit beaucoup d'informations sur le type de personne que vous êtes. Or, c'est bien connu, en matière de séduction, il ne faut pas dévoiler tout de suite ses cartes. Lire et répondre trop vite à un texto pourrait vous causer du tort (on pourrait malheureusement croire que vous n'avez pas de vie du tout), tout comme être trop attentiste pourrait être contre-productif (on pourrait tout aussi malheureusement croire que vous n'en avez rien à foutre).

J'ai donc créé pour vous une matrice d'aide à la décision qui s'organise autour de deux axes :

a) le délai de lecture : délai entre le moment de la réception du texto et le moment où vous l'ouvrez ;
b) le temps de réponse après la lecture : délai entre le moment où vous ouvrez/lisez le texto et le moment où vous envoyez une réponse.

Ma recommandation => la stratégie du gentleman avisé : attendez un peu avant d'ouvrir vos messages et répondez-y rapidement une fois le message ouvert. Vous passerez alors pour un individu pas trop en chien sur son portable sans pour autant faire trop psychoter votre interlocuteur : « Oh mon Dieu, il/elle a lu mais il/elle ne me répond pas. » Vous remarquerez que la stratégie de l'escroc peut aussi fonctionner par petites touches pour générer de la frustration chez votre interlocuteur.

Conclusion :

L'important est de ne pas paraître trop docile ni captif en jouant la carte de la nonchalance, sans toutefois être trop froid. Trouvez le juste milieu en alternant les grosses latences avant de répondre au texto et des réponses rapides façon *tchat* pour noyer le poisson. Surprenez votre interlocuteur !

Matrice d'attente d'ouverture d'un texto reçu

	Répondu rapidement	Répondu avec délai
Ouvert avec délai	**Le gentleman avisé** Vous ne paraissez pas tout le temps fourré sur votre *smartphone* à *checker* vos sms, et vous montrez de l'intérêt à votre interlocuteur en répondant rapidement à ses textos une fois lus. Bravo, c'est très malin !	**Le petit bâtard sans cœur** Vous envoyez un signal fort à votre interlocuteur comme quoi vous n'en avez rien à foutre de sa petite gueule.
Ouvert rapidement	**Le petit puceau** Vous êtes en chien devant les textos de votre interlocuteur, très prompt à les lire et à y répondre. Cette attitude vous fera malheureusement passer pour quelqu'un qui n'a pas de vie.	**L'escroc** C'est la stratégie de l'imposteur qui passe son temps sur son portable mais qui envoie un bluff du type : « J'ai lu ton texto, j'y répondrai plus tard parce que je suis busy. »

Le courrier des lecteurs :

« Salut Steeve, merci pour cette analyse. Je me présente, je suis un hipster et j'ai décidé d'arrêter la drague par texto car c'est trop mainstream. Désormais je n'envoie plus que des pigeons voyageurs pour séduire. Mais du coup je ne reçois jamais d'accusé de réception ☹ Comment faire pour savoir si les meufs que je targette lisent bien mes pigeons voyageurs séductionnels ? » Guy Irlande de Mousterlin-en-Bresse dans le 4-2

Cher Guy Irlande, déjà, je pense qu'il faudrait que tu cesses d'écrire pendant les grandes périodes migratoires. Ensuite, comme tu peux le constater, je n'ai aucune expertise sur le sujet malheureusement. Je te conseille d'aller dans une librairie et de chercher un livre qui s'appellerait « L'Art de la drague par pigeon voyageur ». Je suis sûr que tu y trouveras ton bonheur. Bon courage ! Steeve

Fiche bonus : À partir de combien de temps d'attente pouvez-vous estimer que c'est mort pour obtenir une réponse de votre interlocuteur ?

La réciproque du chapitre précédent.

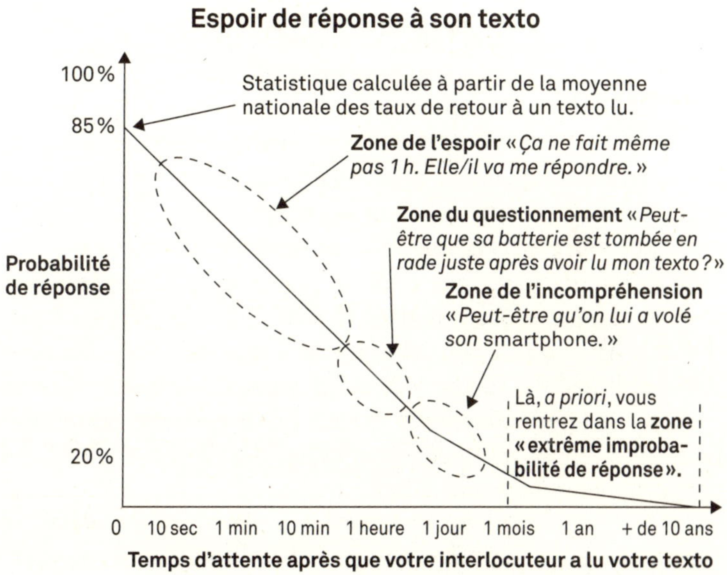

Qu'est-ce que la zone de l'extrême improbabilité de réponse ?
C'est une zone dans laquelle l'événement « elle/il va répondre » devient moins probable que les événements suivants :

- gagner à l'Euro Millions et au Loto le même jour ;
- découvrir que votre père biologique est en fait Barack Obama ;
- recevoir une vache sur la tête en sortant de chez soi (qui tomberait d'un avion-cargo transportant des vaches).

En conclusion, après un jour d'attente, vous pouvez considérer que c'est à peu près mort pour séduire votre interlocuteur/interlocutrice. Donc n'hésitez pas à changer de cible. #astuce

Partie II :
Du texto au sexto, une pédagogie en plusieurs étapes

9. Créer une tension sexuelle par texto : le mode d'emploi très utile

Déjà 8 chapitres qu'on travaille ensemble – c'est fou ce que le temps passe vite quand on apprend en s'amusant ! – et nous voilà enfin arrivés à la partie que vous attendiez tous :

« Apprendre à créer une tension sexuelle par texto ».

Tadaaaam ! Avouez que c'est un peu pour ce chapitre-là que vous avez investi 3 euros dans le livre. Vous direz bientôt au revoir à votre statut peu reluisant de Padawan pour embrasser votre destinée de Maître Jedi de la séduction 2.0. En d'autres mots, vous apprendrez enfin à vous servir de votre sabre laser pour autre chose que pour faire griller des merguez... (si vous voyez ce que je veux dire héhé).

Avant le guide pratique, petit exercice de cadrage intellectuel : qu'entendons-nous par « créer une tension sexuelle » ? Attention aux méprises : je ne parle pas ici d'un vulgaire sexto car le sexto fait toujours écho à un passé commun avec la personne. En effet, envoyer cash : « J'ai envie de te lécher la culotte »/« J'ai envie de te croquer le slip » à une personne que vous venez à peine de rencontrer pourrait être perçu comme une démarche un peu cavalière. Non, créer une tension sexuelle, c'est créer les conditions d'une excitation réciproque « *out of the blue* » avec un(e) presque inconnu(e). Vous êtes donc un explorateur dans un terrain vierge dont vous ne connaissez pas grand-chose (hormis une très imparfaite estimation visuelle de ses mensurations).

Avantage : Ces stratégies pourront être réutilisées sur d'autres terrains vierges.

Inconvénient : C'est un art délicat qui nécessite tout de même une belle capacité d'adaptation situationnelle.

Vous devrez ainsi opter pour une démarche toute en sous-entendus, en doubles sens et autres métaphores voilées qui caresseront l'imaginaire sexuel de votre partenaire et dérouteront la conversation texto de sa trivialité intrinsèque. Les figures de style et les associations d'idées seront vos meilleures alliées. Pourquoi ? Parce qu'il faut de la malice et des mots savamment choisis en fonction de leur potentiel évocateur pour créer la tension sexuelle. Le fantasme, la touche de rêve, avec la possibilité de se projeter dans une situation intime avec votre interlocuteur... C'est ça qui fera mouiller la culotte [ou le slip] de votre partenaire de texto.

Le cas pratique. Prenons l'exemple de Steeve, qui a rencontré Cynthia il y a 2 jours dans un bar. Steeve a chopé le 06 de Cynthia et Steeve a TRÈS envie de lui faire l'amour. Pour ce faire, Steeve – un peu timide – décide de créer au préalable une tension sexuelle par texto. Cette tension sexuelle, pour réunir les conditions d'une prochaine partie de jambes en l'air inoubliable, dépend de 3 paramètres :

1) la capacité de Steeve à manœuvrer habilement la conversation ;

2) un usage cohérent de la ponctuation et une bonne stratégie *smileys* (cf. chapitres 3 et 4) ;

3) et, *last but not least*, un timing opportun (cf. chapitre précédent).

L'astuce de Steeve pour réussir : identifier une situation intime qui vous excite.

Se retrouver dans un lit avec cette personne par exemple ou bien dans sa douche... Pourquoi la douche ? Parce que la douche est un endroit où, normalement, on est à poil. #astuce. Ou encore, exemple moins classique, dans une pizzeria, si votre partenaire de texto est particulièrement féru(e) de pizzas. Bref, peu importe la situation tant qu'elle vous plaît et qu'elle peut exciter votre partenaire de texto. Une fois cette situation déterminée, il faut parvenir à *driver* la conversation vers cette thématique clef.

Voici un plan d'action prêt à l'emploi.

Votre objectif : diriger subtilement la conversation vers la thématique du lit ou de la douche (ou dans une pizzeria si vous jugez la chose pertinente)

Le procédé : filer la conversation sur 4 ou 5 textos. Voyez cette conversation comme un mur d'escalade. Il est important de ne pas être trop rapide mais pas non plus trop long, sinon la mayonnaise ne prendra pas. D'autant que cette tension sexuelle ne doit pas sembler être le fruit d'un plan provenant de votre esprit machiavélique, si ce n'est d'un pur hasard fortuit.

Voici 3 axes de création de tension sexuelle que Steeve pourrait déployer avec Cynthia.

Exemple pertinent n° 1 : la tension sexuelle par l'association d'idées

Steeve : « En ce moment je lis un livre génial, ça s'appelle *Harry Potter*, tu connais ? »
Cynthia : « Oui je connais j'aime trop également »
Steeve : « :) On a trop de points communs ! C'est quoi ton livre de chevet toi ? »
Cynthia : « Je lis la *Métaphysique* de Kant en ce moment ;) »
Steeve : « Tu as vraiment la *Métaphysique* de Kant sur ta table de chevet ? »
Cynthia : « Oui pourquoi ça te choque ? »
Steeve : « Non non pas du tout, mais donc cette table de chevet se situe juste à côté de ton lit, je suppose ?? »
Cynthia : « Oui oui, juste à côté de mon lit ! »

BINGO ! Ici Steeve a choisi d'opter pour la passion de la lecture qui amène naturellement la notion de « table de chevet », laquelle, par proximité géographique, nous conduit au très convoité « lit de Cynthia ». L'enchaînement est naturel, presque fortuit. Personne ne peut imaginer que Steeve était mal intentionné en mentionnant sa passion pour Harry Potter. Félicitations à Steeve qui pourra enchaîner sur des questions spécifiques concernant la couleur et la taille du lit de Cynthia, prétextant une simple curiosité toute saine. Cynthia n'hésitera pas à y répondre, faisant monter la température de quelques degrés.

Parenthèse herméneutique : le décryptage de la stratégie smiley/*ponctuation :*

Steeve a su finement jouer en adoptant l'économie du *smiley* pour ne pas paraître « trop en chien » ni trop « kikoolol ». En effet, le risque était réel d'adopter un phrasé du style « à côté de ton lit :p » ou « à côté de ton lit ;) » qui l'aurait fait passer pour un

Francis Heaulme en puissance. On aurait cependant préféré une meilleure utilisation du levier des trois petits points « … » pour faire courir l'imaginaire de Cynthia avec un « mais donc cette table de chevet se situe… juste à côté de ton lit… je suppose… ? » Tout de suite, c'est mieux. Attention cependant à ne pas en abuser, ça pourrait faire louche.

Exemple pertinent n° 2 : la tension sexuelle par la figure de style ou l'usage pertinent de la question rhétorique

Steeve : « J'ai trop mal dormi cette nuit »
Cynthia : « Ah bon pourquoi ? :(»
Steeve : « J'ai fait des cauchemars, j'ai rêvé que je me noyais dans ma douche... »
Cynthia : « Comment ça se fait ? »
Steeve : « Je sais pas. Tout ce que je sais, c'est que j'étais nu dans cette douche. Tu trouves ça normal ? »
Cynthia : « Bah oui moi aussi je me douche toute nue ! »

BINGO ! Observons toute l'intelligence de cette stratégie : Steeve place subrepticement une excellente question rhétorique et dans le bon tempo pour obtenir l'adhésion de Cynthia. En effet vous conviendrez sans difficulté qu'il est tout à fait normal de prendre sa douche tout nu. LOGIQUE ! Cynthia ne peut donc qu'acquiescer, donnant à Steeve tout le loisir de glaner plus d'informations sur la douche de Cynthia. Félicitations !

Exemple pertinent n° 3 : la tension sexuelle par l'anecdote trépidante

Steeve : « Trop drôle, j'ai lu une étude comme quoi 50 % des filles ne porteraient pas de culotte lorsque la température monte, c'est dingue non ? J'aimerais bien poser la question à une fille pour savoir si c'est vrai lol »
Cynthia : « Bah moi je suis une fille lol »
Steeve : « Ah bah oui lol j'avais oublié ! Alors c'est vrai ??? »

BINGO ! Grosse performance car ici on assiste, Mesdames et Messieurs, à l'installation d'une tension sexuelle réalisée en moins de 3 textos. Du génie. L'anecdote et le partage d'information créent la connivence et la curiosité. Il est alors très facile de basculer vers des sujets plus chauds par la suite. « D'ailleurs ça me fait penser à cette étude que j'ai lu sur la fellation, etc. ». Un boulevard direction la couette.

Finition premium : l'importance du timing

Enfin, si maîtriser la grammaire de la ponctuation et des *smileys* et savoir diriger habilement une conversation texto sont des qualités essentielles du séducteur 2.0, il ne faut pas oublier un paramètre primordial : le timing. Regardez cet exemple à ne surtout pas suivre :

Steeve : « Trop drôle, j'ai lu une étude comme quoi 50 % des filles ne porteraient pas de culotte lorsque la température monte, c'est dingue non ? J'aimerais bien poser la question à une fille pour savoir si c'est vrai lol »
Cynthia : « Je suis à l'enterrement de mon père... :'(»
Steeve : « Ah désolé :/ Et donc par rapport à ma question, tu penses que c'est vrai ? »
Cynthia : ***PAS DE RÉPONSE***

Vous l'aurez compris, Steeve l'a dans le cul. Sans le timing, la séduction n'est rien. Simplement une obsession sexuelle mal avisée. Séduire, c'est choisir d'exercer son art à certains moments, pas H24. On ne crée donc pas une tension sexuelle à n'importe quel moment de la journée ou de la semaine. Le meilleur moment reste bien évidemment le créneau du week-end avec deux climax : le samedi soir à l'heure de l'apéro ou bien le dimanche soir. Pourquoi ?

1) **Heure de l'apéro samedi soir :**

Alcool + => Inhibition – => Ambiguïté + => Possibilité de se rejoindre plus tard.

2) **Le dimanche soir :**

Petite déprime du dimanche soir + => Besoin de réconfort + => Besoin de sexe + => Grande réceptivité à la tension sexuelle ++

En conclusion, créer une bonne tension sexuelle n'est pas compliqué. Il faut :

- Travailler vos associations d'idées, vos questions rhétoriques et vos anecdotes pour améliorer votre capacité à *driver* la conversation là où vous souhaitez amener votre partenaire de texto.
- Maîtriser les rudiments de la ponctuation et des *smileys* séductionnels.
- Choisir adéquatement le timing.

N.B. : Si vous êtes au chômage tous les deux, vous pouvez envisager de créer une tension sexuelle à tout moment car vous avez du temps du coup :) #astuce

Fiche pratique : la drague sur Snapchat, ou comment tirer avantage du potentiel des messages qui s'autodétruisent

Les mots et les photos que vous envoyez par texto sont lourds de sens et restent généralement gravés dans la mémoire du téléphone de votre interlocuteur. Bien évidemment, ces bribes du passé peuvent provoquer honte et regrets *a posteriori* : « Pourquoi diable ai-je envoyé une photo de mon pénis en érection à la meilleure amie de ma meuf ? » Les explications hasardeuses (ex. : « C'était pour rigoler ») n'y changeront rien. Heureusement pour nous, il est désormais possible d'utiliser Snapchat, l'application plébiscitée par les adolescents prépubères, qui offre de nouvelles fenêtres de tir séductionnel.

Le concept de Snapchat : une application qui envoie des photos et messages qui s'autodétruisent – un peu comme dans *Mission : Impossible*, sauf qu'en général vous n'envoyez pas vos messages à des agents secrets. #nuance

En théorie : photo qui s'autodétruit = pas de traces = pas de preuves = pas de gêne potentielle *a posteriori* = possibilité d'envoyer des photos de sa zigounette sans crainte majeure. #astuce

Dans les faits, c'est plus complexe car, sur Snapchat, trois autres paramètres entrent en jeu :

- on peut décider de la durée de vie du message qu'on envoie avant qu'il ne s'autodétruise (de 1 à 10 secondes) ;
- de son côté, votre destinataire – s'il est rapide et mesquin – a la possibilité de prendre un *screenshot* de vos messages/photos avant leur autodestruction ;
- vous pouvez envoyer votre photo Snapchat à un nombre illimité de contacts.

En conséquence de quoi j'ai recensé deux opportunités majeures liées à cette application :

a) Le mode « pluri-séduction », encore appelé mode « bourrin », qui consiste à envoyer un *snap* à toutes vos cibles séductionnelles – en leur faisant miroiter l'espoir qu'elles sont l'unique destinataire *via* un message du type *« just for you baby »* – et à espérer qu'au moins l'une d'entre elles morde à l'hameçon et y réponde.

Note : le revers de cette stratégie quantitative est qu'elle renforce le risque que l'un des destinataires prenne un *screenshot* de votre sexe (le cas échéant).

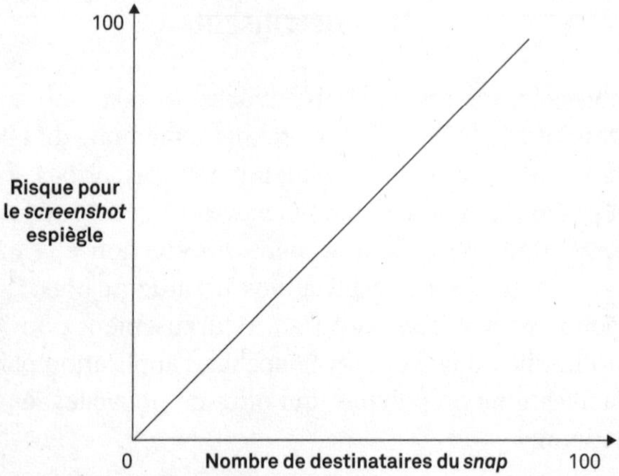

Pour limiter ce risque de *screenshot* espiègle et intempestif, il conviendra de placer le timing d'autodestruction de la photo sur 2 secondes ou moins, façon image subliminale. #astuce

b) Le mode stratégie ciblée, ou la customisation maximale de *snaps* adressés à une seule et même personne pour construire une histoire trépidante et créer une connivence sans risque.

1. *Selfie* en costume dans l'ascenseur accompagné d'un message customisé au nom de votre cible : « Journée enfin finie ! Ça va Charlotte ? »

Si réponse de Charlotte, continuez vers la phase 2.

2. *Selfie* chez vous, sur le canapé, la cravate défaite, tout en mangeant un yaourt 0 % de matière grasse avec des graines de quinoa (il est très important de vous montrer sous votre meilleur jour lol), accompagné du message : « Petite faim ! T'en veux ? »

Si Charlotte paraît amusée par cette proposition de graines de quinoa, entamez la phase 3.

3. *Selfie* en caleçon dans votre lit, accompagné du message : « Petite sieste avant ce soir. Tu sors ? »

Cette question anodine, « Tu sors ? », permet de désamorcer le côté un peu trop avenant d'une photo un poil dénudée qui, sans cela, aurait paru déplacée. Et l'avantage, c'est que même si cette stratégie séductionnelle est un peu ridicule et carton rouge, les preuves de votre ridicule s'effaceront d'elles-mêmes. #astuceSnapchat

Astuce de Steeve : N'envoyez jamais deux snaps *d'affilée. Snapchat est un outil de conversation, pas une livecam de votre vie. D'ailleurs, si vous envoyez un, deux, puis trois, puis quatre* snaps *sans réponse de votre destinataire, veuillez ne pas hésiter à cesser.*

10. Spécial longue relation : l'art du sexto pour vaincre la routine et remettre du piment dans vos épinards

Pourquoi un chapitre consacré à la séduction alors qu'on est déjà en couple ? Parce qu'il ne faut jamais s'arrêter de séduire la femme ou l'homme que vous aimez, même lorsque vous pensez l'avoir sécurisé(e).

En effet, contrairement aux idées reçues, la routine ne concerne pas uniquement les roux. Lol. C'est un problème qui peut malheureusement toucher tout le monde par-delà la pigmentation capillaire. Ce phénomène pourrait se définir comme une perte de curiosité pour votre conjoint(e), c'est-à-dire qu'il ou elle cesse d'être l'objet de votre attention et de votre désir.

Phénomène terrible, car alors les choses changent :

- l'extraordinaire (votre conjoint(e)) devient l'ordinaire ;
- l'ordinaire (un petit cul qui passe dans la rue) devient l'extraordinaire.

Chienne de vie. Tentons de comprendre ce qui se passe lorsque deux personnes restent longtemps ensemble grâce à un schéma de leur évolution psychologique.

Connaissance - - - Curiosité + + + Désir + + +	Connaissance + Curiosité + Désir +	Connaissance + + + Curiosité - - - Désir - - -
Au début	Après un an	Après plusieurs années

Avoir l'impression d'être parvenu à un degré de connaissance parfaite de son/sa partenaire a pour conséquence immédiate une baisse de votre curiosité à son égard… À la suite de quoi le désir périclite et ça part souvent en séparation, voire en adultère :/ RELOU, comme dirait l'autre. C'est là que le sexto entre en jeu.

1) Pourquoi le sexto peut-il vous aider à vaincre la routine et à remettre du piment dans les épinards de votre relation ?

Qu'est-ce qu'un sexto ? Très basiquement, il s'agit d'un texto espiègle qui donne envie de faire l'amour tout nu. Le sexto est écrit comme un message secret, sonne comme une promesse et attise la curiosité comme un « sous-entendu ». Il prend par surprise car il peut survenir à n'importe quelle heure de la journée et de la nuit – au travail, au restaurant ou entouré d'amis : vous ne savez jamais ce que vous allez découvrir. On le lit en cachette, à l'insu de tous, un peu comme si vous trompiez votre femme/mari avec votre propre femme/mari. Le fantasme naît, et le désir renaît. Votre couple est sauvé. Merci qui ?

Bon, OK, la théorie du sexto c'est bien beau, mais comment fait-on dans la pratique ? Voici quelques sextos-types que vous pourrez envoyer pour raviver la flamme et combattre la flemme. #rimeriche

2) Typologie du sexto

a) Le sexto classique : la photo dénudée accompagnée d'un *call-to-action*

L'envoi d'une photo érotique est un grand classique du sexto, même si ce n'est pas ce que je recommande en priorité car un cliché trop suggestif empiète par nature sur l'imagination de votre concubin(e). Il reste néanmoins un procédé efficace pour faire renaître ponctuellement un peu de désir. Si vous optez pour la photo érotique en petite tenue affriolante, ne négligez ni la direction artistique (c'est important) ni la surprise et accompagnez-la systématiquement d'un petit mot aguicheur :

« J'ai fait les soldes... J'ai pensé à toi... »

Évitez peut-être la mention des « soldes » qui vous fera passer pour un radin. Partez plutôt sur : « J'ai fait quelques emplettes... J'ai pensé à toi... » Quoique... Le mot « emplettes » est un peu désuet. Dites simplement : « J'ai fait quelques achats... J'ai pensé à toi... » Euh, en fait non... Votre concubin(e) pourrait penser que vous êtes une personne matérialiste, vile complice du système capitaliste qui néglige l'humain au profit de l'argent. Finalement, envoyez simplement votre *selfie* en l'accompagnant de la mention suivante : « Tu me rejoins ? » Voilà, là on est bien. Sobre et aguicheur. SEXTO.

Astuce de Steeve : Si vous êtes gros, prenez votre reflet en photo dans un miroir amincissant.

b) Le sexto Docteur House

« Je me sens un peu chaud(e) et je voudrais être certain(e) que je n'ai rien de grave, Docteur... Pourriez-vous m'ausculter ?

À nouveau, très bon usage de la substitution pour inviter son partenaire à un faux diagnostic médical. La mise en scène est parfaite ici car on joue sur l'image bien connue de l'infirmière sexy ou du docteur viril au poil virevoltant. Je conviens que ce fantasme est limite sexiste et fallacieux, car il existe bien évidemment aussi des femmes médecins... comme Docteur Quinn, femme médecin. Ce jeu de rôle n'en reste pas moins pertinent dans l'exercice du sexto.

c) Le sexto « cartes sur table » un peu salace

« J'ai envie de te défourailler comme une chienne. »

Comme vous pouvez le constater, le *dirty talk* fonctionne assez mal par texto – surtout lorsque vous parlez à votre femme qui, rappelons-le, est aussi la mère de vos (futurs) enfants. La vulgarité n'a jamais aidé personne à tremper son biscuit. La seule situation dans laquelle ce sexto pourrait fonctionner suppose que vous soyez zoophile et que votre partenaire de vie soit en effet une chienne (la femelle du chien). Mais, comme un chien ne possède pas de *smartphone*, c'est inutile. De toute façon, je déconseille fortement les sextos trop *cash* car ils tuent leur potentiel évocatoire dans l'œuf. C'est l'imaginaire qui excite.

d) Le sexto « double sens »

« J'ai bientôt fini, tu passes me prendre ? »/« J'ai bientôt fini, je passe te prendre. »

La langue française nous offre pléthore d'expressions chargées de doubles sens admirablement ambigus. Profitez-en. Ici, la confusion pourra régner quelques microsecondes dans la tête de votre concubin(e) avant de se muer bientôt en excitation insoutenable : « Oh oui, bien sûr... Avec plaisir... *#cantwait* »

e) Le sexto au sens propre

Techniquement plus complexe, le sexto au sens propre est tout simplement un texto rédigé avec votre sexe, par exemple un texto rédigé grâce à votre pénis si vous êtes un garçon.

Vous êtes certainement en train d'essayer à l'heure où vous lisez ces lignes et comme vous pouvez le constater, il est très compliqué d'envoyer un message intelligible avec son sexe. Votre concubin(e) recevra certainement un texto de ce type :

« fhfjeeoeopfkfkddk »

Ce qui le/la laissera quelque peu songeur/se sur votre état : êtes-vous bourré ? êtes-vous analphabète ? êtes-vous assis sur votre portable ? Bref, ce sexto ne trouvera pas d'écho chez votre partenaire. Le sexto écrit avec son sexe est donc à proscrire selon moi – sauf si, bien entendu, vous avez le pénis particulièrement agile.

f) Le sexto « romantisme et chasse au trésor »

« Chéri(e), j'ai très envie que tu me rejoignes… Mais avant cela, il te faudra résoudre une énigme… Je me trouve actuellement dans une grande chambre donnant sur une rue qui porte le nom de ma ville préférée. Le numéro correspond au nombre d'orgasmes que j'ai eus la première nuit où nous avons fait l'amour. Dès que tu arriveras à la bonne adresse, demande mon nom en russe à la réception. Quelqu'un te guidera alors jusqu'à moi. Tu toqueras puis tu attendras 1 minute devant la porte avant d'entrer. Tu as 30 minutes…
Je t'attends. »

Nous étudions ici la Rolls-Royce du sexto puisque ce spécimen coche l'ensemble des fonctions recherchées par un sexto : la surprise, l'aguichage, le ludisme, l'énigme, le *challenge* intellectuel et l'inconnu. Si le sexe est une affaire très sérieuse, c'est aussi un jeu. En quelques lignes, vous invitez votre partenaire à un jeu de piste à la fois intrigant et très excitant. Bien sûr, ce type de sexto suppose que vous ayez bien préparé les choses au préalable. Si vous menez votre concubin(e) dans la cave d'une cité craignos ou chez Flunch, l'aventure pourra s'avérer quelque peu décevante – même si je ne remets pas en cause la pertinence de l'offre « frites à volonté » chez Flunch, qui peut faire bien plaiz.

Conclusion :

De tout temps, les hommes ont envoyé des messages érotiques. Que ce soit par pigeon voyageur, par échange épistolaire ou désormais *via smartphone*, l'écrit a toujours été nécessaire à l'activation de notre libido. Le sexto dans un couple est un rappel permanent de votre désir d'adolescent et de votre passion du premier jour. Pourquoi s'en priver ? On ne devrait jamais s'arrêter de séduire la femme/l'homme que nous aimons. #philosophiedevie

Le courrier des lecteurs :

« Salut Steeve ! Je n'ai pas trempé le biscuit depuis 1965 et j'ai un peu perdu espoir en mes capacités de séducteur. Puis-je m'envoyer des sextos à moi-même pour vaincre la routine du célibat et recréer le fantasme envers moi-même ? Merci ! » André Pression dans le Wyoming, USA

Salut André Pression, tout à fait. Il te suffira d'écrire le sexto et de te l'envoyer à ton numéro de téléphone. Pour rajouter un peu de piment, n'hésite pas à enregistrer ton propre numéro de téléphone dans ton répertoire sous le nom de « Samantha ». Comme ça, quelques secondes plus tard, tu recevras un sexto d'une mystérieuse et inconnue Samantha pour ton plus grand bonheur. Tu vois, cher André, fallait pas désespérer : la roue tourne ;)

Fiche pratique :
comment envoyer un sexto sans se faire choper ?

Si pratiquer le sexto est naturel et nécessaire, se faire choper en train d'envoyer une photo de votre pénis est presque aussi embarrassant que de se faire chier dessus par un pigeon. Il existe deux moments critiques où l'on peut se faire choper en flagrant délit de sexto : en phase d'envoi et/ou en phase de réception. La phase de réception est particulièrement critique étant donné que rien n'indique au moment de la réception que le texto que vous vous apprêtez à ouvrir est en réalité un sexto. Il serait donc regrettable pour la suite de votre carrière professionnelle que votre message s'ouvre devant le regard salace de Jean-Luc votre patron et s'avère contenir une photo de votre meuf dénudée. Jean-Luc se masturberait alors certainement en pensant à votre meuf, et vous n'avez pas envie de cela. Donc, pour garder de l'intimité et prévenir ces désagréments, je recommande deux stratagèmes pertinents :

Astuce de Steeve n° 1 : Crypter vos sextos !

L'astuce consiste très prosaïquement à parler en code lorsque vous envoyez un sexto : « Mon ornithorynque est tout chaud », ou encore : « J'ai envie de croquer ta fougère* sur un lit d'aubergines. » Le problème de cette astuce réside dans la nécessité d'avoir briefé votre interlocuteur au préalable. Car ça peut vite devenir un message pas très excitant au final, surtout si votre concubin(e) n'aime pas les aubergines. Du coup, ce sexto n'en serait plus un… Ce n'est donc pas une bonne idée de parler en code sans s'être au préalable mutuellement briefés. C.Q.F.D.

*Note : On imagine ici que « fougère » signifie « vagin ».

Astuce de Steeve n° 2 : Investissez dans un filtre de confidentialité

Pourquoi tenter le diable alors que, pour la modique somme de 10 €, vous pouvez faire l'acquisition d'un filtre de confidentialité salvateur et efficace ? Comment ça marche ? Il s'agit « d'une seconde peau » qui recouvre votre écran de *smartphone* et qui bloque la visibilité de son contenu si vous n'êtes pas pile-poil en face de l'écran. Ce système vous protège ainsi des regards indiscrets de vos concitoyens, que ce soit dans le métro, dans l'ascenseur ou encore en réunion.

Note : Le bonus, c'est que cette astuce reste valable si ce sexto est envoyé par votre maîtresse/votre amant pendant que vous dînez avec votre femme/mari.

Note 2 : Le malus, c'est que si c'est un sexto de votre maîtresse/amant, votre femme/mari se demandera certainement pourquoi vous avez mis un filtre de confidentialité sur votre téléphone portable. #paranoïalégitime

11. *Self-control* : devez-vous envoyer ce sexto à votre ex ?

Je sais ce que vous êtes en train de vous dire : « Si le sexto peut remettre du piment dans les épinards, pourquoi ne pas en faire usage avec mon ex qui m'a largué(e) comme une chips et retrouver ainsi le chemin de son cœur et de son cul ? » Je comprends votre désarroi. Cependant, la vie n'est malheureusement pas aussi simple que cela :/ Vous devez opérer un vrai questionnement sur vous-même et sur la situation avant de vous piquer d'envoyer un petit sexto des familles à votre ex meuf/keum. Pour cela, j'ai réalisé un petit arbre décisionnel pour vous aider à y voir plus clair. Ne me remerciez pas, ça me fait plaisir !

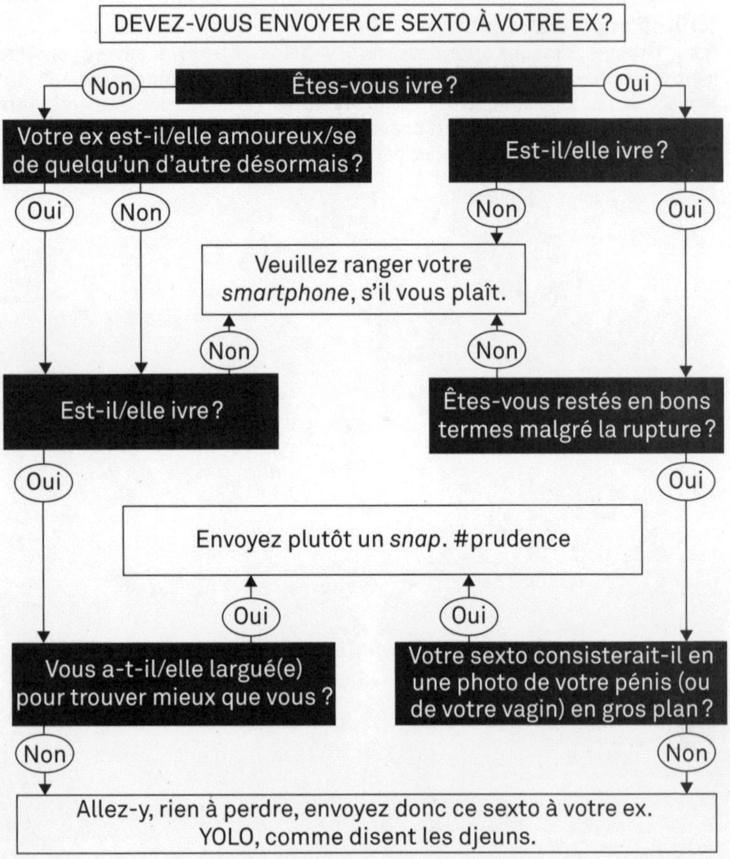

Le courrier des lecteurs :

« Salut Steeve ! Merci pour tes conseils et pour cette superbe infographie, c'est vraiment sympa. J'aimerais connaître ton avis sur la réciproque de notre problématique : en d'autres mots, quelle attitude adopter si c'est notre ex qui nous envoie un sexto ? » Rémi Tomane, Nord-Pas-de-Calais

Salut Rémi ! J'espère qu'il ne fait pas trop froid dans le Nord-Pas-de-Calais. Pour répondre à ta question, je ne te cache pas qu'il faut faire preuve de beaucoup de sang-froid dans ce type de situations et se poser les bonnes questions. Tout dépend de ce que tu veux au fond, cher Rémi Tomane, et aussi de ce que ton ex veut : est-ce qu'elle souhaite te revoir seulement pour une nuit ou y a-t-il encore des sentiments en jeu ? éprouves-tu de la rancœur ? penses-tu souffrir ? sent-elle des aisselles ? Tous ces paramètres seront à prendre en considération pour prendre la meilleure décision. Bonne chance, Rémi !

Fiche pratique : négocier du sexe à 4 heures du matin par texto avec votre plan cul

Négocier du sexe à 4 heures du matin par texto avec votre plan cul est moins facile qu'il n'y paraît : on oublie trop souvent qu'un plan cul a une vie et qu'il/elle n'est ni une poupée ni un *sex-toy*. Ainsi à 4 heures du matin, votre plan cul pourrait :

- être bourré(e), ce qui limite ses déplacements et ralentit les prises de décisions ;
- être fatigué(e), en d'autres termes « avoir la flemme » de vous retrouver ;
- être chez son mec ou sa meuf.

Ça fait beaucoup de barrières potentielles :/ Voici mon plan d'action pour surmonter ces imprévus qui peuvent bloquer une retrouvaille érotique à 4 heures du matin.

1) Si votre plan cul est bourré(e) :

L'empathie envers votre plan cul est la valeur clef dans ce contexte : de quoi a-t-on le plus envie quand on est bourré(e) ? La réponse est toute simple : de coquillettes au fromage. Promettez donc par texto de lui préparer des coquillettes au fromage s'il ou elle accepte de se rendre chez vous :

« — Ça te dit de venir chez moi ?
— Je suis trop bourré(e) : je vais me rentrer chez moi...
— Allez, viens, j'ai fait chauffer de l'eau : je prépare des coquillettes au fromage ;)
— Bon d'accord, on peut pas toujours dire non ☺ »

Faites-moi confiance : ce ne sera pas la dernière ni le dernier à tomber pour des coquillettes au fromage !

2) Si votre plan cul a la flemme :

La flemme est une disposition qui résulte du raisonnement suivant : « Le plaisir que je retire d'une action est inférieur au plaisir que je retire de ne rien faire du tout. » Si votre plan cul a la flemme, c'est qu'il/elle estime que se déplacer jusque chez vous ou vous faire venir chez lui/elle est une dépense d'énergie trop importante par rapport au plaisir que vos retrouvailles lui procureront. Pour négocier du sexe avec un plan cul flemmard, il faudra donc que votre texto sonne comme une promesse de bonheur qui satisfera la relation mathématique suivante :

Promesse de bonheur > sa flemme

En d'autres mots, il faut lui vendre du rêve. Le message suivant devrait faire l'affaire :

« Je te promets un petit massage aux huiles essentielles pour t'aider à dormir… Et je te fais des pancakes demain matin. P-S : J'ai mis mon plus beau caleçon/ma plus belle culotte pour toi… »

Un massage, des pancakes, une belle culotte : votre plan cul serait fou de refuser. Mais attention : ne promettez pas quelque chose que vous ne pouvez pas offrir – sauf si vous avez 1 000 plans culs différents –, car, comme le dit le dicton, on peut flouer une fois 1 000 plans cul mais pas 1 000 fois un plan cul.

3) Si votre plan cul est chez sa meuf/son mec :

Là, je ne vous cache pas que ça va être plus compliqué. Il faudra faire preuve d'une solide argumentation pour convaincre votre partenaire de sexe de s'échapper et de prendre tous les risques pour vous retrouver. L'argument YOLO (« *you only live once* ») ou encore *carpe diem* (« tu vas bientôt mourir : profite ») peuvent être efficaces pour le/la convaincre.

Sinon, dites-lui que vous êtes en détresse avec un texto du type : « Je suis en danger : mon corps brûle… » Magnanime et effrayé(e), votre plan cul viendra alors vous rejoindre pour vous secourir. Une fois en sa compagnie, vous lui enverrez alors la suite du message : « Je suis en danger : mon corps brûle… de désir pour toi. » #astuce

Mais franchement, vous aider à négocier du sexe à 4 heures du matin avec votre plan cul s'il ou elle est maqué(e) me pose un problème de conscience. Je ne veux pas être complice. Merci.

Partie III :
Séduire intelligemment grâce aux sites et applications de *dating* : Tinder, Meetic, AdopteUnMec, Happn

12. Le choix décisif de votre photo de profil pour qu'on vous kiffe

On assimile souvent les sites de rencontre à des supermarchés de la séduction dénués d'âme. Comme pour rendre hommage à ce consumérisme relationnel, l'iconographie du site AdopteUnMec représente d'ailleurs un homme dans un Caddie. Époque formidable ou pied-de-nez au romantisme des films de Richard Curtis ? Peu importent les jugements de valeur, ce qui est fondamental en séduction, c'est d'avoir bien en tête les moyens et la fin de chacun de vos mouvements. Si vous vous inscrivez sur un site/une application de rencontre, votre démarche peut se schématiser de la façon suivante :

Tinder, Happn, AdopteUnMec

Les moyens

Élaboration d'un profil personnel, c'est-à-dire d'une « page de vente » de vous-même :
- Choix de vos photos de profil.
- Présentation de vous-même.

Investissement en temps et en énergie :
- Sélection des profils.
- Attente des *matchs*.
- Conversations avec les utilisateurs/trices.
- Dans le meilleur des cas, planification de la rencontre physique.

→

La fin

Rencontrer quelqu'un :
- Juste pour pécho sans lendemain et mettre fin à votre misère sexuelle.
- Ou projet plus ambitieux : trouver l'âme sœur.

Pécho sur Tinder, Meetic, AdopteUnMec ou Happn : mode d'emploi

Dans la théorie, votre réussite sur un site de rencontre suit le cheminement suivant :

Tinder, Happn, AdopteUnMec

1 **Le choix des profils** (sélection des cibles principalement selon l'attirance physique générée par leur photo de profil)	➡	Si attirance **physique** réciproque	➡	Possibilité de *tchatter* avec la personne.
2 **La conversation écrite** (sélection selon l'intérêt intellectuel des échanges épistolaires avec votre cible)	➡	Si attirance **intellectuelle** réciproque	➡	Possibilité de *rencontrer* physiquement la personne.
3 **La rencontre physique** (sélection selon la connexion entre le charme de votre cible et vous : humour, sympathie, etc.)	➡	Si attirance **spirituelle** réciproque	➡	Possibilité de *pécho* votre cible sans sommation, voire de lui faire l'amour et des enfants.

Malheureusement, je ne vais pas vous le cacher, la sélection par la photo de profil est bien souvent décisive et sert généralement de raccourci direct vers la rencontre physique. Meetic a beau avoir lancé un hashtag #loveyourimperfections, si vous les cumulez (les imperfections), il n'y aura certainement que vous pour les aimer malheureusement.

Devons-nous pour autant mentir sur notre photo de profil en optant pour une photo de bogosse quand on est moche dans la vraie vie ?

La réponse est non car l'objectif final reste tout de même de pécho. Si vous obtenez un *match* fallacieux avec une photo des abdominaux de Brad Pitt, il y a quand même des chances que votre cible se rende compte de la supercherie le jour de la rencontre physique, lorsqu'elle apercevra votre petite brioche. Idem si vous êtes petit : n'essayez pas de le cacher sur vos photos ; certaines filles n'aiment pas les nains et réagiront mal à ce camouflet. Passe-Partout, si tu me lis, tu es prévenu ! Plus généralement, mettre une photo de profil qui vous met trop en valeur par rapport à la réalité est une espièglerie contre-productive : vous tombez alors dans l'écueil que j'ai nommé le fameux « effet kebab ».

L'effet « kebab », un fléau de notre société superficielle

L'effet « kebab », c'est la déception causée par la réalité (la personne en vrai) par rapport à vos attentes (sa photo de profil) – comme lorsque vous voyez un succulent kebab en photo sur la devanture d'un magasin et qu'il s'avère ignoble lorsque vous l'avez dans votre assiette. Cette situation est généralement vécue comme une horrible trahison par la victime.

Quelle photo idéale pour mon profil, dans ce cas ?

70 % des utilisateurs ne regardent que la première photo de profil, mais les 30 % restants les matent toutes (source : *The Economist*). Donc certes, il convient de mettre le paquet sur la photo principale, mais il ne faut pas lésiner sur les 2 ou 3 autres photos avec lesquelles vous compléterez votre profil. Selon moi, le nombre d'or est de 4 photos car ces 4 clichés doivent se compléter pour couvrir chacun un aspect différent de votre personnalité.

1) Si je suis un mec : introduction du fameux modèle SACM (© Steeve Bourdieu) :

Le modèle SACM synthétise parfaitement les 4 qualités que les filles recherchent sur les photos de profil d'un utilisateur de Tinder, Meetic, Happn ou encore AdopteUnMec.

- **Séduisant** – j'aurais pu également employer le terme « sexy » mais je trouve le qualificatif moins élégant.
  Exemple : une photo de vous en train d'être séduisant sans avoir essayé de l'être, comme une photo prise à la dérobée lors d'un mariage où vous arborez vos habits de lumière et un sourire *bright*.
- **Amusant** – au sens anglais du terme de « *fun* », c'est-à-dire drôle et sympathique.
  Exemple : une photo de vous en train de raconter une anecdote à tous vos amis qui, hilares, vous donnent une accolade en signe de gratitude et d'admiration.
- **Charismatique** – au sens social du terme, en montrant que vous avez un impact sur le monde qui vous entoure grâce à votre talent ou votre intelligence.

Exemple : une photo de vous en train de donner un discours à la Maison-Blanche.

- **Mystérieux** – au sens de « un peu intrigant et qui donne envie d'en savoir plus sur vous ».
  Exemple : une photo de vous dans un endroit intrigant ou un gros plan mystérieux ou encore une vieille photo floutée, etc. L'avantage est double puisque, outre un gain potentiel en nombre de *matchs*, une photo « mystère » sur votre profil constituera un sujet d'ouverture de conversation tout trouvé pour les utilisatrices avec qui vous avez *matché* : « Qu'est-ce donc que cette photo ? Je m'interroge. »

Globalement, si vous constituez votre profil avec une série de 4 photos qui traduisent ces 4 qualités, vous allez *matcher* à foison ! Le modèle SACM est imparable ;)

2) Si je suis une meuf : introduction du modèle SSSS

De la même manière, **le modèle SSSS** synthétise parfaitement les 4 qualités que les mecs recherchent tous dans les photos de profil d'une utilisatrice de Tinder, Meetic, Happn ou encore AdopteUnMec :

- **Séduisante**
- **Séduisante**
- **Séduisante**
- **Séduisante**

Lol je déconne, les hommes ne sont pas aussi superficiels, tout de même (enfin si, mais c'est tabou). De toute façon, ce chapitre n'a aucun intérêt pour les lectrices de ce livre étant donné que toutes obtiendront 100 % de taux de réussite sur les applications de *dating*, c'est-à-dire qu'elles peuvent miser sur un *match* séductionnel pour chaque profil *liké* car les mecs sont tous des chiens de la casse désirant tremper leur biscuit :/ Bande de salopards !

3) Les types de photos à éviter si vous voulez que ce monde conserve un peu d'espoir

a. Le *selfie* « abdominaux »

C'est très bien que vous ayez des abdominaux ou des abdo-fessiers de compétition, et je ne dis pas que vous n'aurez pas de *matchs* avec de tels clichés ; je dis simplement que c'est irrespectueux pour la personne sensée que vous êtes. Avoir un beau corps et le mettre en avant de cette manière, c'est un peu comme si vous étiez écrivain et que vous postiez un *selfie* de vous en train de consommer de l'opium en écrivant avec une plume sur du parchemin, assis à la terrasse d'un café parisien. 0 % naturel, 100 % autokiff, et donc 100 % carton rouge. Voici d'ailleurs un moyen mnémotechnique pour vous en souvenir : « Le *selfie* "abdominaux", c'est abdominable. »

b. La photo avec des enfants pour attendrir les cœurs

Sachez-le bien, ce type de photo n'a vraiment aucune utilité ni aucune valeur pour autrui. À part Marc Dutroux et Francis Heaulme, personne n'a envie de voir des enfants en photo de profil sur Tinder ou Meetic. Au mieux, on pensera que vous avez déjà des mouflets à charge, ce qui, je ne vous le cache pas, n'est pas l'atout séduction n°1 sur Tinder ; au pire, on pensera que vous êtes pédophile :/

c. La photo avec un animal de compagnie pour attendrir les cœurs

Encore une fois, la plupart des gens s'en tapent pas mal que vous aimiez les animaux – sauf, bien sûr, si vous espérez choper Brigitte Bardot sur Meetic. Mais sachez-le : personne ne voudra vous pécho au seul motif que vous câlinez régulièrement un golden retriever nommé Rusty.

d. La photo avec une meuf bonne pour attendrir les cœurs

Le raisonnement semble logique : « Si je mets une photo de moi avec une meuf bonne, toutes les meufs vont croire que je suis un bogosse irrésistible qui se tape uniquement des meufs bonnes, et vont vouloir me pécho par mimétisme. » Malheureusement, ça ne marche pas dans les faits, parce que si vous étiez vraiment un énorme bogosse qui se tape uniquement des bonnes meufs, vous ne seriez pas sur Tinder.

e. La photo « vomi/alcool » pour montrer que vous êtes totalement « foufou »

Vomir sur un pote et montrer que vous savez « picoler » ne sont pas vraiment des « qualités » à mettre en avant sur vos photos de profil. On suppose que vous essayez de cocher les cases « amusant » ou « mystère », mais vous êtes plutôt dans le « gros *loser* ». J'entends déjà certains dire : « Non, mais c'est pour rire. » Messieurs, on ne rit pas avec la séduction ; c'est une affaire très sérieuse. On n'est pas sur AdopteUnClown.com, que je sache. La photo de profil, c'est uniquement pour montrer que vous êtes séduisant, amusant, charismatique et mystérieux. Les calembours subtils sont à garder précieusement pour la conversation écrite et *a fortiori* pour le premier rencard !

Conclusion :

Choisir une bonne photo de profil sur les applications de *dating* est une condition bien souvent nécessaire et suffisante pour obtenir des rendez-vous galants avec vos cibles. En revanche, choisir une bonne photo de profil est une condition nécessaire mais pas suffisante pour pécho votre cible, comme en témoigne le fameux et terrible effet « kebab ». Retenez donc bien ceci : avoir un *match* sur Tinder, ça veut pas dire que vous allez ken'. ☹ #dommage

Le courrier des lecteurs :

« Salut, Steeve ! J'ai envie de m'inscrire sur Happn ou Tinder pour pécho des meufs mais j'ai un problème : je suis moche. Ma mère dit souvent que je pourrais faire rater une couvée de singes. Que puis-je faire pour pécho ? J'ai peur pour ma santé. MerSteeve (lol, merci Steeve). » Fitzgerald Lecul, de La Garenne-Colombes dans le 9-2.

Salut, Fitzgerald Lecul ! Merci pour ton témoignage. Tout d'abord, qu'est-ce que c'est que cette expression ? Ensuite, je ne vais pas te le cacher, Tinder ou Happn sont des sites et applications qui font la part belle au physique. Si tu es aussi moche que tu le prétends, je ne suis pas sûr que t'inscrire sur ces sites t'aidera à pécho. Mon conseil : tâche de développer ton charisme, ton humour ou essaie de te trouver un talent caché (comme jongler avec des bananes). Bonne chance à toi, Fitzgerald le moche !

13. La description, quelle approche marketing de vous-même pour faire la différence ?

Si la photo de profil, on l'a vu, prévaut souvent sur les sites de rencontre, ça ne signifie pas pour autant que vous devez négliger votre présentation – car, en plus d'être une bande-annonce de vous-même, la description présente également l'avantage de sélectionner le genre de personne que vous avez envie d'attirer dans vos filets.

En effet, lors de la phase de choix de votre description, deux approches s'ouvrent à vous :

- laisser la porte ouverte à tout type de rencontre avec une description « *mainstream* » et connivente ;
- établir un premier écrémage en assumant des passions très spécifiques et parfois discriminantes.

Exemple : « Jeune homme, 25 ans, cherche partenaire de vie pour projets scatophiles divers et variés. »

Ma grande expérience de la drague 2.0 m'a permis de développer 3 ou 4 stratégies pertinentes pour bien vous vendre en fonction du type de personnes que vous ciblez.

Stratégie de description n° 1 : le projet « *mainstream* »

« J'aime écrire des poèmes, les balades en forêt et les frites.
P-S : Je fais également très bien l'amour apparemment. »

Note : Toujours TRÈS important de dire la vérité sur Tinder ou Happn.

En montrant que vous êtes un être passionné (l'écriture de poèmes) et que vous savez profiter des petits plaisirs de la vie (les balades en forêt et surtout les frites), vous êtes positionné sur un projet « grand public » car TOUT LE MONDE aime les balades en forêt (et *a fortiori* les frites). Nul doute que tout le monde aura donc envie de vous rencontrer et d'en savoir plus sur la base de cette description. Le petit bonus réside dans l'ajout d'un *teaser* : « Je fais très bien l'amour apparemment. » Cette formulation maligne – « d'après les dires de certain(e)s » – intrigue à dessein et donne envie de vérifier. #astuce

Voilà, ne me remerciez pas, surtout. Bande d'ingrats.

Bon, l'avantage de cette stratégie c'est que vous ne vous coupez de personne, et l'inconvénient c'est que vous allez attirer tout et n'importe quoi.

Stratégie de description n° 2 : le ciblage très très très spécifique

De la même manière que pour la photo de profil, il est important de capitaliser sur vos qualités et vos atouts dans votre description en évoquant avec fierté ce que vous faites dans la vie (travail, loisirs) et les valeurs auxquelles vous adhérez (l'humour, l'écologie, les bananes). Si vous correspondez à ce genre de personne, voici le type de description pour lequel il faudra opter :

« Jongleur de bananes professionnel. 1 like pour moi = 1 arbre planté dans le Périgord. Bon vivant, séducteur, j'aime la nature, les énergies renouvelables (notamment la technologie photovoltaïque) et amuser la galerie avec des blagues de qualité.
P-S : Dieu m'a tout donné, sauf ton numéro. »

Ce projet séductionnel un peu alternatif ciblera votre potentielle âme sœur avec une grande précision : vous chercherez sûrement une personne soucieuse de l'écologie, passionnée de photovoltaïque et ouverte d'esprit à l'égard des métiers peu communs (ici la profession millénaire de jongleur de bananes professionnel). Le post-scriptum final marque le point d'orgue de cette description sans faille en ne qualifiant que les utilisatrices qui croient en Dieu. Bravo, c'est très bien pensé !

Stratégie de description n° 3 : l'écrémage intellectuel par une équation du premier degré

« Je ne coucherai qu'avec des personnes qui sauront résoudre cette équation complexe :
Si x + 1 = 2, combien vaut x ? »

Ici, vous triez vos futures cibles en fonction de leur capacité à résoudre une équation particulièrement difficile – une manière de témoigner de votre amour pour les sciences exactes et de ne choisir que des personnes ayant obtenu une bonne note au baccalauréat de mathématiques. Une stratégie d'écrémage pas conne du tout, mais l'inconvénient c'est qu'avec une équation aussi difficile, vous vous coupez d'une bonne partie du marché de Tinder. Lol.

Note : cette stratégie fonctionne également avec l'organisation d'une dictée orthographique.

Stratégie de description n° 4 : l'écrémage « passion djihad »

« Jeune cœur d'artichaut, cherche sa moitié pour partir faire le djihad la semaine prochaine ! #YOLO »

La notation chronologique est très maligne ici car elle permet de créer l'urgence : « Vite, dépêchez-vous, sinon vous allez passer à côté de cette offre exceptionnelle » – c'est un peu comme pour les soldes, finalement. Contrairement à la stratégie n° 1 vue plus haut, on est là encore sur un projet ciblé : il apparaît très clairement dans ce message que vous souhaitez uniquement encanailler des terroristes et autres autoproclamés poseurs de bombe. Risqué d'un point de vue légal mais certainement efficace d'un point de vue ciblage !

Conclusion :

Si la photo est la puissance de feu de votre profil, votre description en est la lunette de sniper. Elle est le moyen de sélectionner et d'attirer les profils de personnes que vous désirez rencontrer en priorité. À vous de vous positionner sur l'échelle de l'écrémage :

- soit en optant pour un projet très *mainstream* (en mentionnant, par exemple, que vous êtes fan de Justin Bieber) ;
- soit en choisissant un projet plus ciblé (en précisant, par exemple, que vous aimez qu'on vous attache à un radiateur et qu'on vous parle allemand).

Fiche pratique : quelle attitude adopter en cas de pénurie de *matchs* et d'affinités ?

Si ces applications offrent généralement un large choix de produits à séduire, il ne faut pas oublier que comme dans les supermarchés, certains passent parfois complètement inaperçus. Et il n'y a rien de pire qu'être un produit qui, avec inquiétude, implore le ciel d'être dévoré avant sa date de péremption.

Note : *A priori*, ce phénomène de la pénurie de *matchs* ne touche que les hommes et les femmes à barbe à qui il manque au moins un membre.

Qu'est-ce qu'un *match* ou une affinité sur une application de *dating* ?

Chaque application de *dating* possède sa propre appellation ; on rappellera donc utilement qu'on parle de *match* (Tinder) ou de *crush* (Happn) lorsque deux personnes se « sont aimées réciproquement » sur la base de leur profil – qui comporte généralement une photo, une présentation de soi. Notez que ce système d'affinités réciproques fonctionne la plupart du temps sur le système de géolocalisation : vous voyez uniquement les profils qui sont dans le rayon de proximité que vous avez choisi.

Qu'est-ce qu'une pénurie de *matchs* ?

Une pénurie de *matchs* signifie que vous n'avez obtenu aucune réciprocité, c'est-à-dire que :

— vous avez aimé des profils qui n'ont pas daigné vous accorder la même faveur en retour ;

— réciproquement, des profils ont pu vous aimer mais vous n'avez pas eu le même élan de générosité envers ces personnes.

Il est tout à fait possible de faire l'expérience d'une pénurie de *matchs* en ayant « aimé » tous les profils disponibles dans le rayon de proximité choisi. Lorsqu'un tel cas se présente, cela signifie qu'aucune utilisatrice de l'application ne vous a trouvé beau ou intéressant. C'est généralement une terrible nouvelle, je ne vous le cache pas.

Comment réagir face aux pénuries de *matchs* ?

Tout dépend de la durée, mais si cette pénurie de *matchs* dépasse une semaine, il convient de mener une réflexion profonde sur le sujet. Laisser perdurer une telle situation pourrait conduire à une perte de confiance en vous, voire au suicide, ce qui serait dommage.

Ma règle d'or en cas de pénurie de *matchs* => ne jamais remettre en cause son physique

Il conviendra plutôt de faire l'inventaire de l'ensemble des explications rationnelles et techniques qui peuvent justifier cette carence en *matchs* tout en dédouanant votre physique.

Explication rationnelle n° 1 : se raccrocher à l'espoir un peu fou du bug technique

Il est assez impensable que vous n'ayez obtenu aucun *match* après avoir *liké* plusieurs milliers de contacts féminins. Allez parler au service technique ou consultez le forum de l'application pour vérifier que votre profil n'a pas été victime d'un regrettable bug technique qui expliquerait ce terrible malentendu. Voici le message que vous pourrez poster sur le forum ou à l'attention du service client du site de rencontre en question :

« Bonjour à tous. Je me suis inscrit sur Tinder il y a 3 semaines et je suis perplexe, parce qu'après avoir "aimé" environ la moitié des profils féminins de l'Île-de-France, je n'ai toujours pas récolté le moindre *match*... Est-ce quelqu'un d'autre se trouve dans la même situation et peut témoigner ? Je pense sincèrement qu'il s'agit d'un problème technique de l'application. Merci de résoudre ce bug au plus vite ! »

Note : Attention, je vous préviens, découvrir qu'aucun bug technique n'a été recensé peut vous foutre un sacré coup au moral.

Explication rationnelle n° 2 : se rassurer en blâmant « pas de chance »

S'il ne s'agit pas d'un bug technique, un calcul mathématique simple va vous aider à démontrer que la pénurie de *match* est possible même pour un bogosse. Imaginez des hypothèses qui vous arrangent.

Ex. 1 : Toutes les filles que vous avez *likées* ont une grande probabilité de se désinscrire avant de voir votre profil étant donné que le nombre de profils masculins est supérieur au nombre de profils féminins sur ces sites de rencontre.

Ex. 2 : Toutes les filles que vous avez *likées* ont une grande probabilité de déménager avant d'atteindre votre profil étant donné que les jeunes actifs déménagent en moyenne une fois par an dans les zones où l'immobilier est tendu (source : observation des potes).

Vous êtes désormais armé pour conclure qu'il y avait seulement 0,0000000000002 % de chances qu'aucune fille que vous avez *likée* ne soit finalement tombée sur votre profil et que c'est ce qui s'est passé, très malheureusement. D'où votre carence en *matchs*. La faute à pas de chance. C'était environ la probabilité de gagner au loto. Dommage. Mais bonne nouvelle, votre honneur est sauf ! C'est juste parce qu'elles ne vous ont pas vu, mais elles vous auraient certainement trouvé beau. #méthodecoué

Pour avancer : demander un avis extérieur pour évaluer de votre profil

Une fois que vous vous êtes rassuré (aux forceps), faites appel à une personne objective (du sexe opposé si possible) pour évaluer votre profil. Encore une fois il ne s'agit pas de remettre en question votre physique (vous venez de prouver scientifiquement qu'il n'est en rien responsable de cette triste histoire), mais simplement de *challenger* la pertinence de votre choix de photos ou encore l'efficacité de votre description. Après tout, peut-être avez-vous mal interprété le sens de ces sites de rencontre… Peut-être qu'une photo de vous en slip kangourou prise devant la glace n'est pas le meilleur moyen de glaner du *like*. Peut-être que mentionner dans votre description que vous êtes séropositif et allergique au latex n'est pas la meilleure des manières de vous vendre auprès des utilisateurs des sites de rencontre. Soyez malins, adaptez votre offre au marché. #astuce

Conclusion :

N'oubliez jamais la règle d'or : ne remettez jamais votre physique en cause. Le maître mot c'est la confiance. Voilons-nous la face autant que faire se peut ;)

14. Les accroches pour la/le convaincre d'entrée de jeu

Une fois que vous avez *matché* avec quelqu'un sur une application de *dating* – c'est-à-dire que vous vous êtes réciproquement aimés sur la base de votre photo de profil et de votre description –, vous avez la possibilité d'engager une conversation par *tchat* avec cette personne. Vous l'aurez compris, c'est le moment où il ne faut pas merder si vous désirez tremper le biscuit.

Pourquoi l'étape du « *conversation starter* » est-elle cruciale sur un site de rencontre ?

- Parce que, *a priori*, vous allez engager la conversation avec un(e) total(e) inconnu(e). Il/elle n'aura donc aucun scrupule à vous zapper automatiquement si elle/il n'est pas satisfait(e) par la tournure que prend ce premier contact par écrit.
- Et, deuzio, parce que vous n'êtes pas seul(e) sur le marché : votre interlocuteur/trice tient certainement une dizaine d'autres discussions en parallèle. À attirance physique égale, il/elle choisira certainement de rencontrer la personne qui parvient à l'amuser ou l'intriguer le plus par *tchat*. C.Q.F.D.

Comment ne pas être original et ne pas faire la différence ?*

** sauf si vous êtes un(e) énorme bogosse/bellegosse et que la personne avec laquelle vous discourez n'est intéressée que par votre physique.*

« Salut ! »

Si j'ai pu faire l'éloge de la simplicité plus tôt dans ce livre, je n'ai jamais dit qu'il fallait annihiler toute forme d'originalité dans votre démarche. « Salut ! » n'est pas un « *conversation starter* » en bonne et due forme car il n'invite absolument pas votre interlocuteur à formuler une réponse.

« Ça va ? »

Demander « Ça va ? » à quelqu'un que vous n'avez jamais vu et à qui vous n'avez jamais parlé de votre vie est aberrant. Comment peut-on croire une seule seconde que le fait que ce(tte) parfait(e) inconnu(e) aille bien soit un motif de réjouissance pour vous ? Cette ouverture de conversation a 99 % de chances de se solder par « Oui et toi ? ». Une réponse d'ouverture presque aussi nulle qui ponctuera un début de conversation tout à fait raté. Qui plus est, vous seriez bien emmerdé(e) si votre interlocuteur vous répond « Non, ma mère vient de mourir ☹ ». Il vous faudrait puiser dans des ressources insoupçonnées pour faire face à cette gêne. #attention

« Fais pas chaud hin ! »

Un *tchat* sur un site de rencontre n'est pas une discussion d'ascenseur. Ne parlez jamais du temps, encore moins du temps qui passe, et encore moins avec des fautes d'orthographe. La séduction est antinomique de l'ennui, la déprime et le déficit de charisme.

« Suce-moi ! »

Contrairement aux exemples précédents, cette accroche possède un avantage qu'on ne peut nier : c'est original et surprenant. En revanche, vous ne ferez pas la différence car vous paraîtrez dépourvu de subtilité et trop impatient (qu'est-ce que vous croyiez). Important dans la séduction 2.0 : ne jamais brûler les étapes.

Quand on est un KEUM : comment être original et faire la différence d'entrée de jeu tel un séducteur chevronné ?

La fatalité n'existe pas : j'ai testé pour vous d'excellents axes d'ouverture de conversations. Cependant, tous n'ont pas le même taux de réponse. À vous de jauger et de choisir le meilleur stratagème en fonction de ce que vous savez de la personne (c'est-à-dire pas grand-chose en général).

1) L'entrée en matière un peu mytho mais amusante :

« Après tant d'années, enfin je te retrouve ! »

À demi-mot, vous insinuez l'idée un peu romantique que vous la/le cherchiez depuis toujours comme si c'était le prince charmant ou Megan Fox. Cette tournure aura l'avantage de semer le doute dans son esprit : « Mais attends… je le/la connais ou bien il/elle blague ? Bon je vais lui répondre. » Bingo ;)

Taux de réponse attendu : 88 %

2) L'entrée en matière paranoïaque mais pertinente :

« Bonjour, pourrais-tu écrire "Je te kiffe, t'es vraiment un bogosse" pour me prouver que t'es pas un robot ? »

Sur Internet, les robots sont partout, donc prudence ! Et personne n'a envie d'être soupçonné d'être un robot. La logique voudrait donc que votre interlocuteur s'exécute rapidement afin de dissiper les soupçons qui planent sur sa personne, ce qui vous permettra de gratter un superbe compliment gratos. #astuce. Et si ce n'est effectivement pas un robot, vous aurez alors le loisir de rebondir en lui posant des questions sur ses passions et ses centres d'intérêt, un moyen parfait pour entamer la conversation. Alors on dit merci qui ? #I-Robot

Taux de réponse attendu : 90 %

3) L'entrée en matière astucieuse et un brin flagorneuse :

« Je me doute bien qu'il s'agit d'un faux profil, mais pourrais-je connaître le nom du mannequin que tu as utilisé(e) pour les photos de ton profil ? »

Héhé. Votre interlocuteur, le cœur rougissant devant tant de flagornerie, répondra alors certainement : « Hihi non mais en fait c'est vraiment moi sur les photos MDR ! » Bingo ! le compliment sera passé comme une lettre à la poste et en plus votre candeur l'aura fait sourire. C'est un début de conversation optimal !

Taux de réponse attendu : 93 %

4) L'entrée en matière existentielle et intrigante :

« Tu aimes ou tu détestes les tortues ?
(Très important !!) »

Cette question tout à fait intrigante déboussolera à coup sûr l'interlocuteur, qui s'interrogera certainement sur les motifs de votre question. Très vite, il souhaitera prendre position sur ce sujet fondamental des tortues en espérant fournir la réponse que vous attendiez. L'important, vous l'avez compris, n'est pas le mot « tortue » (sauf si une tortue vous a mordu quand vous étiez petit et que la haine des tortues est devenue un vrai critère amoureux pour vous) mais la formulation binaire de la question qui créera un petit stress rigolo pour le destinataire : « Oulala j'espère que je vais me tromper à la question héhé. » N'hésitez donc pas à varier le COD de cette accroche clef en main par d'autres propositions déconcertantes et intrigantes comme « golden retriever », « cookies » ou encore « Cyril Hanouna ».

Taux de réponse attendu : 92 %

5) L'entrée en matière « point Godwin précoce et espiègle » :

« J'aimerais vraiment savoir si tu vas lire mon message – j'aime Hitler – en entier ou s'il va passer complètement inaperçu... Mais comment en être sûr ? »

Ça pourrait la faire rire, sauf bien entendu si elle a perdu toute sa famille à Auschwitz. Sinon, moins risqué, vous pouvez remplacer « Hitler » par « la fellation » si vous voulez accentuer le côté coquin, ou encore « frites » pour jouer le côté gourmand. À vous de juger !

Taux de réponse attendu : 80 %

6) L'entrée en matière évidente et amusante :

« Bonjour, comment tu t'appelles ? »

Celle-ci fait partie de mes préférées car bien évidemment le prénom de votre interlocuteur apparaît dès lors que vous pouvez discuter avec la personne. Celle-ci pourra s'interroger sur votre bêtise ou votre grand sens de l'humour, mais ne pourra rester impassible. L'originalité, l'humour, le cran, voilà un « *conversation starter* » on ne peut plus réussi !

Taux de réponse attendu : 99 %

Quand on est une MEUF : comment faire la différence d'entrée de jeu ?

« Bonjour »

Cette proposition passe-partout, à défaut de fonctionner dans le sens inverse, aura un taux de retour proche de 100 %. Car ne l'oubliez pas, les keums sont très réactifs dès lors qu'ils pensent avec leur zizi.

Conclusion :

L'ouverture du *tchat* sur les sites de rencontre est la dernière marche à gravir avant une potentielle rencontre physique, ce Saint-Graal de la séduction 2.0. La compétition étant encore rude à ce stade, réussir vos ouvertures de conversation sera d'autant plus important pour faire la différence face à tous les autres peigne-cul manquant d'originalité, d'intérêt ou de charisme. Mais attention, il faudra aussi faire preuve d'écoute et d'adaptation. J'ai à cet effet réalisé un schéma de comportements à adopter en fonction de vos envies et de ce que recherche votre destinataire. Car vos ouvertures de conversation auront beau être excellentes, parfois vous n'aurez tout simplement pas le même but sur ces sites de rencontre. Là encore, comme vous pouvez le constater, votre capacité d'adaptation sera votre meilleure alliée. Point de dogmatisme en séduction mes amis, point de dogmatisme.

Tinder, Happn, AdopteUnMec

SI VOUS CHERCHEZ / SI IL/ELLE CHERCHE	**... l'amour.**	**... du cul et uniquement du cul.**
... l'amour.	Vous réjouir et sauter sur l'occasion.	Vous contenter de ce que vous offre la vie.
... du cul et uniquement du cul.	Mentir (ou « adapter » votre discours).	Vous réjouir et sauter sur l'occasion.

#astuce

Partie IV :
Séduire grâce à Facebook

15. Comment draguer un(e) inconnu(e) sur Facebook sans passer pour un enfoiré de pervers ? Le stratagème de Steeve

C'est bien connu, Facebook est un réseau social où les velléités de séduction sont légion. Pour autant, elles impliquent la plupart du temps des sujets connus qui font déjà partie de votre réseau personnel. Il s'agit souvent d'hommes et de femmes que vous avez rencontrés physiquement et avez par la suite ajoutés à votre longue liste « d'amis » Facebook.

Or avec ce vivier, on peut rapidement se retrouver en panne d'opportunités séductionnelles, pris entre :

- vos ex (même si, on le verra au prochain chapitre, il ne faut pas y renoncer totalement) ;
- vos ami(e)s qui vous ont malheureusement et unilatéralement « *friendzoné(e)* » ;
- les ex de vos potes (intouchables également… en tout cas pas avant la date butoir de 4 ans et 320 jours de séparation) ;
- les petits frères/sœurs de vos potes ;
- les mamans/papas de vos potes ;
- etc.

Facebook

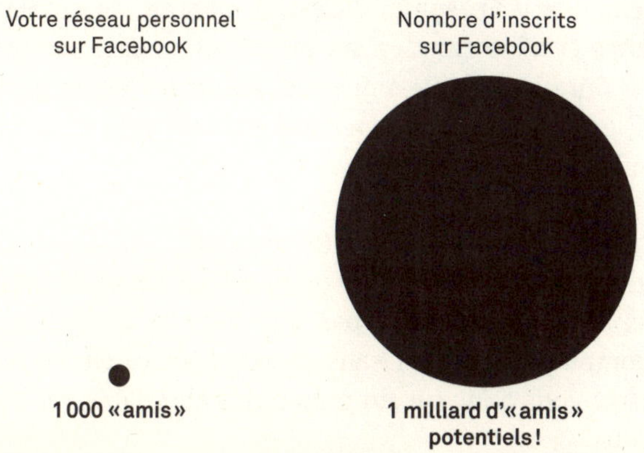

Comme vous pouvez le constater sur le schéma ci-dessus, votre tableau de chasse ne représente qu'un millionième du cheptel séductionnel disponible sur Facebook. ÇA DOIT VOUS DONNER DES IDÉES !

1) Pourquoi c'est quand même un peu dur de draguer un(e) inconnu(e) sur Facebook

Facebook n'étant pas un site de *dating* à proprement parler, le défi séductionnel est complexe car on peut vite passer pour un *stalker* voire un petit enfoiré de pervers si on commence à ajouter un(e) parfait(e) inconnu(e) en tant qu'ami ou à lui envoyer des messages privés. Il convient ainsi d'être stratégique et réfléchi. Pour commencer, il y a quelques règles à respecter avant de lancer un projet de séduction sur un(e) inconnu(e). Il faut avant toute chose considérer ces 3 critères clefs :

a. La géolocalisation

Ne jetez pas votre dévolu sur un profil Facebook si la personne réside au Pérou car même si votre projet séductionnel se concrétise, prendre un verre avec elle va vous coûter trop cher en billets d'avion. Privilégiez donc une proie locale pour plus de confort financier. #approchegéolocalisée

b. L'entregent

J'entends par là « trouver quelqu'un avec qui vous avez des ami(e)s en commun sur Facebook ». En effet, la première barrière à la séduction sur Internet c'est la peur de tomber sur un tueur multirécidiviste :/ En somme, c'est le manque de confiance, de connivence et d'information sur autrui qui pousse certaines personnes à faire leur petite mijaurée. Avoir des potes (proches si possible) en commun est le meilleur entremetteur et la meilleure des justifications.

c. Une absence de concubin(e) notable

Si votre cible a mis en photo de profil un cliché de son propre mariage, je ne vous cache pas que faire la différence risque d'être compliqué – soit dit sans remettre en cause votre talent. Concentrez-vous donc sur un projet plus abordable sur le papier, c'est mieux.

Une fois que vous avez repéré cette perle rare (une jeune Samantha ou un jeune Bryan) sur les photos de vacances d'un ami en commun Facebook, que vous vous êtes assuré qu'elle habite la même ville et surtout qu'elle n'est pas mariée, vous pouvez passer à l'étape 2 de votre projet.

2) L'enjeu du premier contact avec Bryan ou Samantha sur Facebook

On le répète, vous n'avez jamais rencontré Bryan ou Samantha et pourtant vous allez tenter d'entrer contact avec cette personne sur Facebook. Avant tout *move*, il faut aménager un minimum votre profil Facebook car la première chose que votre cible fera sera d'aller vous « *stalker* » à son tour. C'est normal, c'est humain, ne paniquez pas. Vous devez donc soigner votre photo de profil, celle de votre couverture Facebook mais aussi repenser votre fiche personnelle (le petit encart à gauche de votre profil) afin de placer quelques mots-clefs qui donneront confiance et envie. Exemple : dans la partie « travail », mettez « Président des États-Unis d'Amérique » plutôt que « chômeur » ou encore « intermittent du spectacle ». Précisez également dans la partie « diplôme » que vous sortez de la Polytechnique School of London. Voilà, là on est bien !

Une fois cette petite adaptation de la réalité menée à bien, trois approches s'offrent à vous pour lancer le projet :

- l'ajout en ami(e) Facebook de la personne sans message privé ;
- l'ajout en ami(e) Facebook de la personne avec message privé ;
- le message privé sans l'ajout en ami(e).

Voici une *cost-benefit analysis* de chaque stratégie et un cadre décisionnel complet pour choisir au mieux votre approche séductionnelle. #consultant

Facebook

	L'ajout en ami(e) sans message privé	L'ajout en ami(e) avec message privé	Le message privé sans ajout en ami(e).
Avantage(s)	• Intrigant pour votre cible : « Tiens, mais qui est donc cet individu qui m'ajoute avec qui j'ai des amis en commun mais que je ne semble pas connaître ? »	• Justification directe de votre démarche auprès de votre cible.	• Vous ne passez pas pour quelqu'un d'intrusif.
Inconvénient(s)	• Potentiellement intrusif pour votre cible : « Mais qui est donc ce peigne-cul audacieux qui m'ajoute sans raison ? »	• Implique d'avoir un motif fort qui justifie un ajout direct.	• Parfois les messages privés passent inaperçus (se perdant dans la zone « autres » de votre *inbox*) lorsqu'ils proviennent de personnes « étrangères » à votre Facebook.

4) Mes recommandations de messages privés à envoyer en fonction de la stratégie choisie

a. Si vous optez pour « l'ajout en ami(e) Facebook sans message privé ».

Trois sous-cas de figure se présentent ici :

1) Votre cible accepte directement cette demande d'ami inopinée.

C'est plutôt bon signe, mais il convient de désamorcer intelligemment tout soupçon de perversion de votre part. Prenez les devants pour paraître sain d'esprit. Envoyez-lui dans la foulée ce message privé :

« Excuse-moi je viens de recevoir une notification comme quoi tu as accepté ma demande d'amis mais en fait pour tout t'avouer je ne te connais pas du tout et je ne me souviens pas de t'avoir demandé en ami(e). Je suppose que j'ai dû faire une fausse manip' ou m'asseoir sur mon portable. À moins que ce ne soit mon chien qui ait encore pris mon portable ^^ donc non je ne suis pas un mec/meuf bizarre qui t'a ajouté(e) ni un(e) *stalker* :) Mes plates excuses pour cette erreur ! »

Ce message sympathique permet de gagner encore plus de point et de crédit auprès de votre cible. Notez l'usage très pertinent de la ponctuation *smiley* « sourcils espiègles » qui est parfaitement adapté dans le contexte. Votre cible répondra sûrement :

« Héhé bon d'accord je te laisse le bénéfice du doute ☺ »

Bingo ;) ! À vous d'enchaîner avec un message du type :

« D'ailleurs j'ai vu que tu étais pote avec XXX, c'est dingue moi aussi, tu le connais comment ? » #astuce

2) Votre cible n'accepte pas votre demande d'amis mais vous envoie un message pour vous demander de quoi il s'agit. Vous recevrez alors certainement un message du type :

« Excusez-moi, mais on se connaît ? Vous m'avez envoyé une « *friend request* » mais je ne crois pas vous connaître...! À moins que ce soit une erreur de votre part ? Samantha/Bryan »

Répondez alors du tac-au-tac de manière très surpris(e) :

« Bonjour Samantha/Bryan, n'est-ce pas vous avec qui j'ai discuté hier soir à la soirée de XXX ? Vous étiez dans mes suggestions et vous ressemblez beaucoup à la personne à qui j'ai parlé hier de cinéma hongrois du XIXe. »

La mention « cinéma hongrois du XIXe » est bien évidemment à adapter en fonction de votre cible, dont vous aurez au préalable étudié les passions en *stalkant* longuement son profil. #astuce. Cette dernière répondra alors sûrement :

« Vous aimez le cinéma hongrois du XIXe ? C'est vraiment dingue cette histoire car moi aussi j'adore le cinéma hongrois du XIXe ! »

Alors qui c'est le patron ?

3) Votre cible n'accepte pas votre demande d'amis et ne vous envoie pas de message.

En d'autres termes, elle n'en a rien à cogner. Donc abandonnez ce projet, malheureusement, et mettez-vous en recherche d'une autre proie potentielle facebookienne. #sosad

b. Si vous optez pour « l'ajout en ami(e) Facebook avec message privé » : le message privé espiègle.

Inventez un motif qui justifie le fait de la contacter et en plus de l'ajouter sur Facebook. Là c'est la partie du livre où vous devrez faire un peu fi de vos valeurs au profit de l'enjeu séductionnel. Ce n'est pas très propre, je ne le nie pas, mais diablement efficace !

« Hello, j'ai vu que tu travaillais dans le domaine du toilettage pour chiens. Je suis très intéressé par cette carrière car j'aimerais me reconvertir. Ça te dirait qu'on se rencontre pour que tu me racontes comment tu as fait pour obtenir ce poste incroyable et qu'on discute ainsi toilettage canin ? Merci ! »

Le prétexte professionnel est généralement un justificatif extrêmement efficace pour contacter des inconnu(e)s. Pour pousser le vice, dites que c'est votre bon ami que vous avez en commun qui vous a orienté(e) vers lui/elle pour obtenir les renseignements (fallacieux) que vous recherchiez. Votre cible n'y verra que du feu et baissera ses gardes. Vous aurez alors par la suite tout le loisir de mettre en place la tension sexuelle que vous souhaitez par la suite (comme vu au chapitre 9).

Note : étant donné que vous avez opté pour la *friend request,* passez au vouvoiement afin de ne pas paraître trop intrusif et trop familier trop rapidement. Faut pas que votre cible se dise que vous avez un peu trop pris la confiance.

c. Si vous optez pour « le message privé sans ajout en ami(e) » : le message privé espiègle et sournois (toujours, toujours !).

Ne pas ajouter la personne en ami(e) Facebook est un bon moyen de paraître courtois et respectueux. Vous pouvez donc vous permettre un peu de fantaisie dans votre message privé.

« Hello, je suis un ami de XXX [votre pote en commun], j'organise un casting pour mon prochain film et tu sembles coller parfaitement au rôle principal. Ça te dirait qu'on se rencontre pour en discuter ? »

Bien sûr, ce stratagème nécessite au préalable que vous ayez écrit un scénario de long-métrage. Si ce n'est pas le cas, trouvez un autre motif, sous peine de faire louche. Le mensonge doit être relatif, toujours. À nouveau, dans cette configuration précise, précisez que vous êtes ami(e) avec XXX pour jouer sur la connivence, c'est très important. Attention, ce ne sera pas un argument suffisant pour obtenir du sexe avec votre cible. Ne l'oublions pas.

Conclusion :

Ne pas passer pour un enfoiré de pervers sur Facebook quand on drague un(e) inconnu(e) n'est pas chose aisée. Il faut de l'audace, un brin d'ingéniosité et mettre parfois ses valeurs d'honnêteté et de franchise de côté. Après libre à vous de rester intègre et d'assumer jusqu'au bout votre démarche en lui envoyant *cash :* « Bonjour et enchanté ! J'ai un peu envie de te KEN' d'après les éléments que je vois sur ta photo de profil. Merci pour ton retour ! Bien cordialement, Steeve. » Mais comme dirait l'autre, ça passe ou ça casse !

Le courrier des lecteurs :

« Salut Steeve, merci pour tout ce que tu fais pour la séduction ! Je me demandais à ce sujet : j'essaie de draguer un keum depuis quelques jours et je voulais savoir si la stratégie du poke était un vrai levier séductionnel ou bien une astuce de petite fiotte ? » Laetitia Nure, Jouy-en-Josas dans les Yvelines.

Salut Laetitia ! La stratégie du poke est en effet une astuce de petite fiotte, malheureusement. Bien à toi cordialement, Steeve.

16. Comment relancer son ex sur Facebook ? Le « *chinbox** » pour faire la différence

*Note : le « *chinbox* » est un *inbox* Facebook qu'on envoie à une personne de notre liste d'amis Facebook dans le but de la « chiner » (c'est-à-dire de tenter de la séduire).

Parfois la vie est une chienne. Parfois on traverse de terribles périodes de célibat ponctuées d'échecs amoureux. Or c'est bien connu, une période de vaches maigres en termes de séduction peut causer du grabuge à votre santé. Jetez donc un coup d'œil au graphe suivant représentant le cercle vicieux dans lequel une trop longue absence de triomphe séductionnel vous piégera :

Courbe de confiance en fonction des échecs

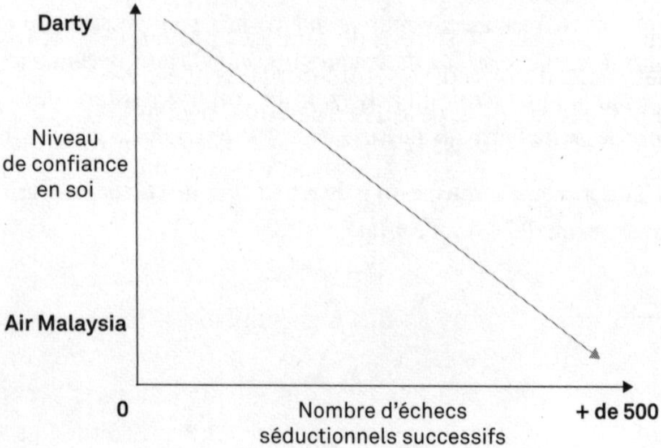

Votre confiance en mode « cotation d'Air Malaysia en Bourse » a également des répercussions néfastes sur votre mojo qui plonge dans des abysses inquiétants :

Courbe de votre mojo

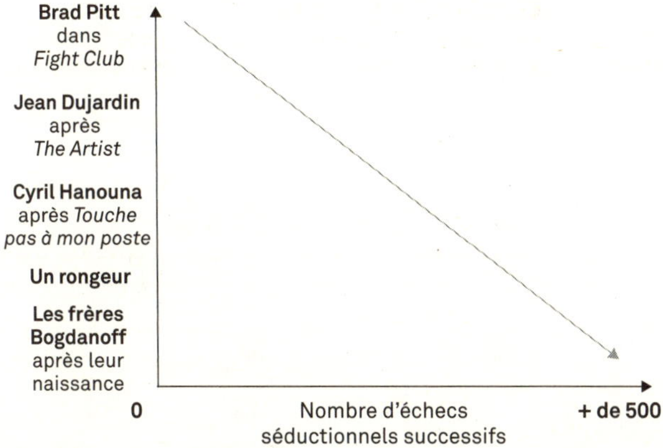

Dans ce contexte délétère, retrouver confiance en vous devient une priorité. Or il n'existe pas de meilleur moyen de recouvrer ces automatismes de grand(e) séducteur/trice (que vous étiez jadis !) que de rejouer sur une pelouse que vous avez déjà foulée.
Note : il s'agit d'une métaphore footballistique finement pensée : l'idée sous-jacente est de faire l'amour à quelqu'un à qui vous avez DÉJÀ fait abondamment l'amour dans le passé.

Le problème : introduction de la fameuse Théorie de la ligne.

Le problème qui se pose dès lors qu'il s'agit de relancer son ex relève de ce que j'appelle **la Théorie de la ligne**. Inconsciemment, chaque être vivant possède une ligne imaginaire d'acceptation séductionnelle autour de laquelle il distribue les autres êtres vivants de la planète qu'il accepterait ou non de PÉCHO. En dessous de cette ligne psychologique, pas de séduction possible. Cette ligne est par ailleurs évolutive dans le temps. Voici par exemple la ligne d'acceptation séductionnelle d'une jeune fille – Cynthia – avec qui Steeve aurait couché dans le passé à l'instant T.

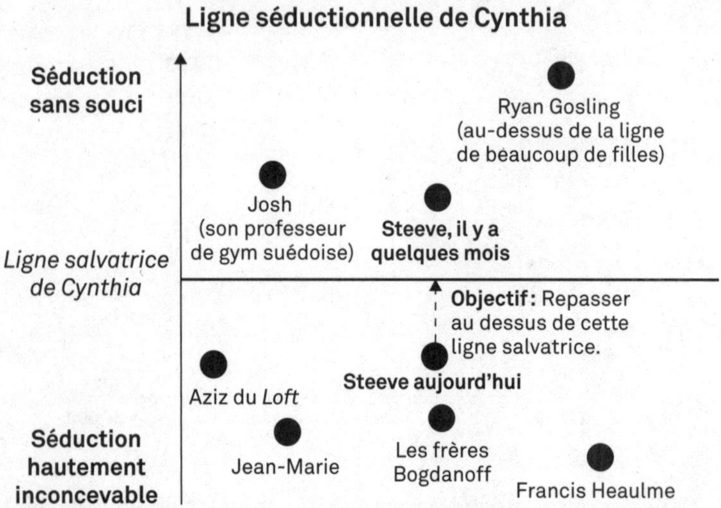

Comme vous pouvez le constater, certains garçons sont au-dessus de ce seuil minimal :

- Josh, son professeur de gym suédoise, et Ryan Gosling pour ne citer qu'eux ;
- Steeve, jadis, durant ses heures de gloire :'(

D'autres, en dessous :

- Aziz du *Loft*, Jean-Marie, Francis Heaulme pour ne citer qu'eux.
- Steeve aujourd'hui :/ #viedemerde

On dit alors que Steeve a cessé d'être dans le radar de Cynthia… Ils avaient fait l'amour ensemble avec passion il y a quelques mois, puis le temps les a séparés, ils ont cessé de se voir et, petit à petit, le désir est retombé comme une chips au guacamole. Comme le célèbre proverbe le dit : « Loin des yeux, loin du pieu » (© Steeve Bourdieu).

Comment repasser au-dessus de cette ligne ? Le choix judicieux du *chinbox* Facebook

Le *chinbox* – ou *inbox* Facebook à vocation séductionnelle – est un outil approprié pour retrouver votre place au soleil de l'amour (à nouveau, c'est une métaphore ; j'entends : « retrouver votre place dans le cœur de votre ex »). En effet, l'*inbox* Facebook présente les caractéristiques suivantes :

- Un *inbox* est moins ambigu de prime abord qu'un texto. Il relève du fameux : « je viens juste prendre quelques nouvelles », ce qui désamorce les soupçons d'arrière-pensées.
- Un *inbox* donne la possibilité de rebondir facilement sur des sujets d'actualité de votre *target* et de trouver des thèmes de conversation très intéressants. Exemple : « J'ai vu que tu avais brunché dans le Marais avec tes copines. C'est dingue, moi aussi j'adore les brunchs ! »

Partie 1 : écrire l'*inbox* Facebook parfait pour relancer son ex : le point de vue masculin.

Attention, l'*inbox* Facebook qui suit a été rédigé par un professionnel de la séduction 2.0. Assurez-vous d'être en pleine possession de vos moyens avant de le reproduire chez vous.

« Hello Cynthia, Comment ça va, ça fait longtemps, dis donc ! Je venais simplement aux nouvelles, j'espère qu'elles sont belles ! J'ai vu que tu étais sur Paris ! Tiens, moi aussi, c'est drôle non ? Tu fais quoi de beau en ce moment ? Moi le boulot se passe tranquillement mais j'ai besoin de vacances, envie de soleil et de faire la fête lol. Trop hâte que ce soit le week-end. D'ailleurs à l'occaz', faudrait qu'on aille boire un jus de pamplemousse un de ces 4 (lol ça peut aussi être une bière ☺) ça me ferait plaisir. En tout cas bon courage, je t'envoie mes ondes positives pour ton boulot ! Je t'embrasse à bientôt ! P-S : Hésite pas à m'appeler quand tu vas teuffer un peu ;) »

Le décryptage :

D'entrée de jeu, Steeve capitalise sur sa bonhomie légendaire en usant de petites expressions de métrosexuel : « Ça fait longtemps, dis donc ! Je venais simplement aux nouvelles… » Notez la petite rime de BOGOSSE pour commencer ce *chinbox* sur les chapeaux de roues : « nouvelles » et « belles ». Par la suite, Steeve amène, non sans malice, la notion de destinée commune : « J'ai vu que tu étais sur Paris ! Tiens, moi aussi, c'est drôle non ? » Steeve relève avec brio la coïncidence toute particulière consistant à se retrouver au même moment dans un même endroit du globe… Tout ceci, bien sûr, dans le but de montrer à Cynthia qu'il s'agit certainement d'un signe du destin. À nouveau, l'utilisation du *smiley* souriant permet tout de suite de désamorcer tout soupçon et de se faire passer pour un garçon tout mignon et pas un enfoiré de pervers (c'est TRÈS IMPORTANT !). En effet, *a contrario*, le *smiley* ":p" aurait pu porter à confusion et briser la dynamique de confiance que vous souhaitez établir avec Cynthia.

« Tu fais quoi de beau en ce moment ? » est une question essentielle qui légitime votre demande de nouvelles : il s'agit de bien montrer que vous vous intéressez à ce que fait votre interlocutrice, ex-plan cul ou ex-petite amie.

Par la suite, Steeve invoque à juste titre quelques thèmes qui font l'unanimité comme la perspective de vacances au soleil ou encore l'affection pour les week-ends en général, ce afin de chercher l'approbation. Cynthia se dira sûrement : « C'est dingue : on a tellement de choses en commun, on se ressemble comme des âmes sœurs. Comment ai-je pu m'éloigner de ce bel individu ? Reviens Steeve ! »

Pour conclure, un « Je t'embrasse » beaucoup plus classe et sensuel que le détestable « La bise » vient ponctuer votre mail de séducteur maîtrisé de bout en bout. Clap, clap.

Partie 2 : écrire l'*inbox* Facebook parfait pour relancer son ex : le point de vue féminin.

Ce chapitre souhaite également traiter de la séduction féminine sur Facebook. Voici donc en exclusivité le *chinbox* qu'il convient d'écrire pour reparaître au-dessus de la ligne d'un mec quand on est une fille.

« Hello ☺ »

Notez que le *smiley* n'est pas essentiel.

Le décryptage

En général, vous verrez que repasser au-dessus de la ligne d'un mec quand on est une fille demande un peu moins d'efforts.

Conclusion :

Comme un bon vin, votre plume et votre capacité à rédiger de beaux *chinbox* se bonifient avec le temps. Maîtrise du rythme et des doubles sens ambigus. Exemple : « Ça te dit de sucer quelque chose ? » C'est toujours important de créer l'ambiguïté. #poeticlover. Gardez bien à l'esprit que le *chinbox* n'est qu'une étape qui fait partie d'un stratagème à deux ou trois coups. En effet, il est peu probable que votre interlocutrice, toute accueillante qu'elle soit, vous réponde immédiatement : « J'ai trop kiffé ton *inbox*.

En ce moment, je suis toute nue. Rejoins-moi. Fais-moi l'amour à foison. » Gardez le sens des réalités et prenez votre mal en patience : cet *inbox* aura au moins le mérite de vous faire revenir dans le jeu.

Le courrier des lecteurs :

« Salut Steeve, mon ex a liké ma photo de profil la semaine dernière : comment dois-je l'interpréter ? Cela signifie-t-il qu'elle a envie de remettre le couvert et d'abuser sauvagement de mon petit corps de poulet ? » Jérôme Arrangé, un jeune homme dans le doute (originaire de Valence dans le 2-6).

Salut Jérôme, tout d'abord bravo pour ce prénom. Ensuite, sachez que les voies de vos contacts Facebook féminins sont souvent impénétrables... Si j'étais toi, je tenterai l'inbox pour venir aux nouvelles pour tâter le terrain. D'ici là, reste calme. Mais n'oublie pas : c'est pas parce qu'elle a liké ta photo de profil qu'elle désire nécessairement que vous adoptiez un golden retriever ensemble. Voilà, j'espère que cette réponse t'aidera un peu. Steeve

Partie V :
La séduction *corporate* (pour les pros)

17. Décryptage de la séduction sur LinkedIn : 8 vrais emails reçus par des utilisatrices

LinkedIn est censé être une simple plate-forme sociale destinée au *networking* et au recrutement des entreprises. Mais après une enquête approfondie sur le dossier, j'ai découvert que ce réseau social est en fait squatté par de nombreux séducteurs espiègles qui, sous couvert de velléités de *networking*, utilisent cet outil afin de tremper le biscuit. CHUIS CHOQUÉ ! Oui, je sais ce que vous vous dites : « Mais enfin Steeve, c'est complètement insensé. Draguer un(e) inconnu(e) sur un réseau social professionnel ? Qui oserait s'aventurer sur une séduction aussi périlleuse ? » Eh bien si, mes amis. Ça existe. Et faut bien le reconnaître, ils sont doués, car LinkedIn, c'est un peu la Ligue des champions de la séduction. C'est fait pour les personnes en quête de challenge, ceux qui ont déjà bien poncé Tinder, Happn, Meetic, Adopte, Facebook, etc.

Parce que je vous sens encore un peu sceptiques, ce chapitre sera composé de mails réellement reçus par des utilisatrices de LinkedIn. *True story*. D'ailleurs, si l'un d'entre vous se reconnaît, je lui tire mon chapeau.

1) Le séducteur qui tente de recruter sa meuf en fonction de ses expériences professionnelles :

« Bonjour, Regarding your digital & fashion experiences, I would be honoured to be connected with you on LinkedIn. I would also gladly have a drink with you some time, you are really pretty. Best Regards. »

Ce séducteur linkedinien semble être un homme de convictions et n'hésite pas à assumer pleinement ce qu'il pense : il souhaite ajouter cette utilisatrice dans son réseau professionnel parce qu'il la trouve compétente, et il désire aller boire un verre avec elle parce qu'il la trouve jolie. L'un n'empêche pas l'autre en effet : c'est ce qu'on appelle le bon sens. Bravo !

2) Le séducteur qui joue cartes sur table :
« :) je sais très bien que nous ne nous connaissons pas, d'où ma question ! Accepterais-tu de bien vouloir faire connaissance ? Au plaisir de te lire, Romain »

Sans chercher à se dissimuler derrière de mauvais prétextes pour contacter sa nouvelle *target*, ce Romain joue cartes sur table et ne cache pas sa curiosité : « Tu m'as l'air tout à fait intéressante d'après ce que je peux voir sur ta photo de profil. » Attention au paramètre timing cependant : si cette fille est au chômage, la réception d'un tel email séductionnel (et non d'une lucrative proposition d'embauche) pourra être une déception. Eh oui, même sur ce réseau social, le timing, c'est important.

> *Astuce de Steeve : Toujours vérifier que votre interlocuteur n'est pas au chômage avant d'agir sur LinkedIn.*

3) Le séducteur sexiste qui l'a un peu mauvaise :
« Décidément pas très assidue sur les réponses apportées à tes prospects LinkedIn ! Tu sais, j'avais plein de bons plans boulots pour toi... Voire d'autres, mais bon. Dommage pour toi Miss ! »

Analysons ce qui se passe ici : on comprend que cet email fait suite à une succession de non-réponses de la part de la « miss ». Plein de bêtise et d'illusions, ce keum persiste à essayer de lui faire croire que ses messages étaient dictés par sa volonté de l'aider à trouver un travail (quelle bonhomie !). Ce mauvais keum décide en fin de compte de se venger tristement en lui faisant miroiter son impressionnant réseau personnel : « Dommage, tu rates quelque chose, tu serais certainement devenue P-DG de Facebook ou alors d'une quincaillerie grâce à moi. »

C'est la pire des stratégies. D'une vous passez pour un connard prétentieux et sexiste. De deux, vous êtes un peu une merde. D'aucuns diraient que c'est mal parti pour ce keum s'il comptait tremper le biscuit. La prudence est donc de mise.

4) Le bon samaritain qui tente de se construire un charisme et la joue « psychologie inversée » :
« Hello Mademoiselle, Le boulot ça avance ? Je vois que t'es une fille pleine de ressources et d'ambition. Moi je pars

bientôt habiter à l'étranger, en Chine pour être plus précis. On essaye de se voir avant mon départ ? Ça me ferait vraiment plaisir je t'assure ! La balle est dans ton camp :) Au plaisir bella xx »

Un simple coup d'œil suffit pour comprendre que nous sommes en présence d'un monsieur qui n'est pas novice en matière de séduction 2.0 : d'entrée de jeu, on note le *smiley* souriant et un compliment (« bella ») efficace et déjà utilisé par une autre référence de la séduction de notre temps, le poète Maître Gim's.

En somme, ça pue la maîtrise séductionnelle. Ensuite il accélère *via* une tournure énigmatique laissant tous ses concurrents loin derrière lui : « La balle est dans ton camp », ce qui le fait passer pour un homme patient mais aussi charismatique (il part en Chine #businessman) et qui sait poser ses conditions. Cette expertise poussera certainement l'heureuse élue de cet email à faire le bon choix et à revenir vers lui (lol). Bravo.

5) Le *punchliner* fou :

« J'ai l'impression que l'on se connaît, je me trompe ? Bien à vous, Thierry »

On voit que Thierry n'a pas lu *L'Art de la drague 2.0* avant d'écrire cet email sur LinkedIn. Le coup du « on se connaît non ? » sans donner aucun élément de contexte n'est clairement pas du niveau d'un séducteur qui se lance sur cette épreuve. Non, mesdames et messieurs, LinkedIn ne fait pas de cadeaux.

6) Le chef d'entreprise quarantenaire qui découvre qu'on peut aussi draguer sournoisement sur Internet :

« Rien à dire Anne-Charlotte, c'est une jolie photo :) Michel »

Généralement, on reconnaît les gens âgés sur Internet à leur maîtrise de la ponctuation française et à leur signature systématique de leur prénom. Ici, étant donné que « Michel » n'a plus été donné à un bébé depuis environ 37 ans en France, on peut imaginer que ce monsieur a au moins 37 ans. Le compliment « C'est une jolie photo » témoigne cependant d'une belle prise de risque ! À n'en pas douter, le talent est là. À dire vrai, on sent clairement du potentiel chez Michel mais il peine à s'exprimer pleinement. La faute à une connaissance pas suffisamment pointue des Internets très certainement. On applaudit quand même l'initiative !

7) Le « businessman » polyglotte en anglais :

« Hi Claire, If you ever need to reach out to my network please do not hesitate to ask me for an introduction. It would be a pleasure ! Have an excellent week, Jerome »

Claire n'a absolument rien demandé à la base, on le précise. Et elle reçoit cet email qu'on pourrait traduire par « Hello Claire, si tu as besoin de mon charisme et de mes contacts pour te sortir du chômage, demande-moi, je suis en place. Ça serait un plaisir. Passe une bonne semaine. Jerome le Bogosse. » Notons d'ailleurs que Jérôme, français, écrit un mail en anglais à Claire, française, pour se la jouer un peu businessman polyglotte. « Sorry mais tu comprends, j'étais dans le *rush,* j'ai envoyé l'email *asap,* j'avais pas *noticed* que j'avais écrit à une Française. » La langue de Molière reste la plus appropriée pour séduire, ne l'oublions pas.

8) Le Maître Jedi : « désintéressé » :

« Salut Juliette, J'ai jeté un œil à ton profil, super expérience ! Ingénieur + logisitique + produit, un beau meltin' pot de compétences. C'est ton premier job chez XXX ? Sympa comme environnement ? À bientôt, Ludo »

Vous êtes en présence du Maître Jedi de la séduction sur LinkedIn. Il ne dévoile pas ses cartes tout de suite, il s'intéresse vraiment à la personne et à ce qu'elle fait, et il en profite pour flatter son curriculum vitae. On imagine aisément que le prochain email aurait été une demande de rendez-vous pour « networker simplement autour d'un verre » et parler « entrepreneuriat » car il « monte un projet » et qu'il a besoin de « s'entourer des meilleurs ». Bravo, Steeve tire son chapeau. Il y a du génie dans cette approche. Ma note : 9,5/10. Ce qu'on peut retenir de cette *best seductional practice* c'est que le prétexte et le détournement sont toujours des axes pertinents pour séduire 2.0. #émotion

18. Niveau expert : la drague au travail ou comment pécho un(e) collègue par email sans se faire virer ?

Dans ce chapitre, nous aurons affaire à une situation diamétralement opposée à celle étudiée au chapitre 15 et la drague d'un(e) inconnu(e) sur Facebook. En effet, ici toute votre attention séductionnelle est portée vers une personne que vous croisez tous les jours au travail.

1) Pourquoi la séduction en milieu *corporate* est-elle mal perçue en général ?

En théorie, le système économique dans lequel nous vivons est régi par cette règle inébranlable : « No zob in job. » Ce qui signifie : « Pas de zizi au travail » (pour les personnes qui ne sont pas bilingues). Cet interdit moral fait partie d'un ensemble de règles tacites ou contractuelles à respecter lorsqu'on travaille dans une entreprise.

Exemple de règle n° 1 : Ne pas divulguer des informations aux entreprises concurrentes.

Exemple de règle n° 2 : Ne pas traiter son patron de « fils de chien ».

Exemple de règle n° 3 : Ne pas partouzer avec ses collègues dans le bureau du patron.

Le raisonnement capitaliste qui sous-tend cet interdit est le suivant :

Si salarié X **fait l'amour avec** collègue Y

↓

Et que salarié X **est un petit enfoiré sans cœur**

↓

Salarié X **risque de larguer comme une petite merde** collègue Y

↓

Collègue Y **va devenir malheureuse**

↓

Tension et rancœur dans l'*open space*

↓

Productivité en berne

↓

Moins de *cash flows* pour l'entreprise

↓

Patron qui ne pourra pas installer de jacuzzi dans son duplex à la fin de l'année

Nos actes ont des conséquences. SACHEZ-LE. Pour autant, je crois qu'une autre analyse est possible sur la question car si on prend le problème à l'envers, on peut constater que :

Si salarié X **ne fait PAS l'amour avec** collègue Y

↓

Salarié X **frustré comme un petit puceau quadragénaire**

↓

Salarié X **obligé de satisfaire cette misère sexuelle devant You Porn au travail**

↓

Pendant ce temps là, collègue Y **pas baisé(e) du tout, donc frustrée également**

↓

Tension et rancœur dans l'*open space*

↓

Concentration et productivité en berne

↓

Moins de *cash flows* pour l'entreprise

↓

Liquidation judiciaire et des milliers de personne perdent leur emploi

Vous l'aurez compris, en cette période de crise, séduire le collègue qui vous fait de l'effet est déterminant pour le bien-être économique de l'entreprise. Tout gain de productivité est bon à prendre. Allons donc chercher ce point de croissance qui manque tant à notre beau pays en séduisant. #astuce #prixnobeldeconomie #médaillefields #ArnaudMontebourg

2) Le beau *challenge* de séduire en milieu *corporate*

Il serait malvenu de débarquer dans le bureau de Corinne de la compta et de lancer à tue-tête : « Hey Corinne, que dirais-tu d'un plan cul ce soir ? *No strings attached* !* »

**Pas de string du tout, en français.*

C'est une attitude typique de quelqu'un qui n'a pas réfléchi. Il faut faire preuve de beaucoup de préparation et d'une grande filouterie pour séduire en milieu *corporate.* C'est là que l'email professionnel entre en jeu, mes amis !

Théorie générale de la séduction en milieu *corporate* : créer le contact dans le monde physique, le sublimer en fantasme par email.

Imaginons que vous fantasmez sur Jean-Louis, manager de projet au boule de compétition, ou encore sur Mireille du marketing (on vous laisse imaginer ce qu'on pourrait dire de son corps). Si votre objectif est d'arriver un jour à faire du sexe avec ce Jean-Louis ou cette Mireille, il faut réussir à créer ce désir chez votre cible aussi. Et ça, ça passe généralement par deux leviers :

i) Augmenter les échanges dans le monde réel : machine à café, pause clope, ascenseur, pause caca... Presque tout est bon pour collecter de l'information sur votre cible et démarrer votre amorce de séduction. Mettez-vous à fumer si elle fume. Glissez-vous dans le même ascenseur juste avant que les portes ne se referment (lol cassedédi Calogéro). Et enclenchez sans vergogne des échanges de sourires, de petits mots de courtoisie et de compliments : « Bonne journée ! », « Bon appétit ! », « Bon week-end ! », « Ça se passe au département compta ? », « Superbe ce tailleur/costume, il te fait un boule d'exception ! »... Tâchez de commencer par des sujets neutres, puis montez en complicité, mais visez toujours la bienveillance.

ii) Et développer cette complicité naissante en augmentant les échanges dans le monde magique des emails : ces petits contacts dans le monde physique doivent inspirer vos sujets de conversation et légitimer l'envoi d'un mail semi-professionnel ou plus personnel…

Ex 1 : Si vous l'avez croisé(e) à la machine à café, envoyez-lui un petit email pour lui demander si, il/elle est au courant que le thé est meilleur pour la santé que le café, responsable de nombreux infarctus (une information qui pourrait lui sauver la vie à terme, vous passeriez alors pour un HÉROS. #astuce).

Ex 2 : Si vous l'avez croisé(e) au déjeuner du midi alors qu'il/elle se servait abondamment de cassoulet, demandez-lui comment ça se passe niveau digestion et si ça ne serait pas lui/elle qui a bouché les chiottes du 3e. Lol. Je déconne, ne lui demandez pas ça.

3) Les 4 types de *moves* possibles en milieu *corporate* : quelle stratégie pour quel enjeu de séduction ?

Comme son nom l'indique, la théorie générale (page précédente) reste théorique car le sujet est vaste et le passage à l'acte reste vague, je le lis dans votre regard. Pour apporter plus de concret, j'ai identifié avec brio les 4 types de mouvements séductionnels en milieu *corporate* et l'approche personnalisée qui va avec en fonction de la situation :

a) La drague de type « descendante » : si Jean-Louis ou Corinne est votre stagiaire.

Profiter de sa position hiérarchique pour encanailler n'est pas chose nouvelle (cf. Dominique Strauss-Kahn). Mais sortir sa zigounette sans prendre des pincettes peut être dangereux (cf. Dominique Strauss-Kahn). Imaginons que, depuis son arrivée, le/la jeune Jean-Louis/Corinne vous fait dresser les tétons/le zizi tout dur. Mais le problème, c'est que c'est votre stagiaire, et que vous avez peur des regards indiscrets de vos collègues voire de leur jalousie s'ils désirent aussi pécho ce stagiaire ! En n'écoutant que votre sexe, vous risquez de réaliser un acte idiot et irréfléchi qui pourrait vous mener en prison (cf. Dominique Strauss-Kahn). Comment faire donc pour tremper le biscuit avec le/la stagiaire sans aller en prison ? Voici mon stratagème spécifique.

Ici ma théorie générale de séduction en milieu *corporate* est partiellement inutile : vous êtes directement légitime pour lui envoyer des emails puisque vous travaillez ensemble au jour le jour. C'est une bonne nouvelle ! Du coup, dans ce contexte précis, la clef du succès sera de jouer sur l'ambivalence de votre comportement :

— adopter une attitude distante, professionnelle mais aussi charismatique et inspirante dans le monde réel ;

— et contrebalancer avec une attitude plus à la cool, funky voire « un peu taquine » par email.

=> Enjeu : l'email pour générer une potentielle revoyure en dehors du lieu de travail.

« Hello, petit mail pour te remercier de ton travail Jean-Louis/Corinne ! Je sais que je peux paraître dur(e) parfois mais c'est parce que je trouve que tu fais du bon travail et que je pense que tu as du potentiel ! Tu vas profiter de ton week-end pour te reposer un peu ;) ? Quoi de beau de prévu ? »

Tout y est : le remerciement, la flagornerie, la collecte d'informations privées et le *smiley* clin d'œil que votre stagiaire recevra comme une aubaine au regard du *poker face* que vous arborez d'ordinaire en public. Votre sous-fifre aura donc à cœur de surfer sur ce nouvel élan d'intimité et répondra rapidement. En fonction de sa réponse et de ses plans pour le week-end, vous aurez tout le loisir de tenter sournoisement cette astuce :

« Mais non tu vas à la soirée XXX ? C'est dingue j'avais peut-être prévu d'y aller ! Bon tu dis rien aux autres si tu me vois là-bas, je te fais confiance ☺ héhé »

Connivence en veux-tu en voilà, vous passez en plus pour quelqu'un de « branchouille » auprès de votre stagiaire. On note l'usage du *smiley* souriant cette fois-ci pour élever encore un peu plus le niveau d'intimité. Bien entendu, vous n'aviez pas prévu d'aller à cette soirée, cela va de soi. Vous ne faites que forcer un peu le destin… afin de générer une revoyure en dehors du lieu de travail. Bon, c'est pas très joli, mais peu importe, ce qui se passe avec le/la stagiaire en dehors du boulot reste en dehors du boulot ;) #astuce

Note : Si vous êtes effrayé qu'on tombe sur vos emails et qu'on découvre que vous chinez le/la stagiaire, changez de dispositif 2.0. Demandez-lui son *number* en prétextant des besoins professionnels et mettez en place la même stratégie par texto.

b) La drague de type « ascendante » : si Jean-Louis ou Corinne est votre boss.

Certainement le *move* le plus complexe que l'on peut tenter en entreprise. Par rapport à la drague du stagiaire où votre objectif est d'agir physiquement loin du lieu du travail (par peur du jugement d'autrui), ici c'est un peu différent : ce qui vous excite c'est justement de ken' votre boss sur son bureau. Vous surfez sur un historique long et un imaginaire nourri d'histoires de ce type (Bill Clinton ou François Hollande*).

**Je déconne, je veux juste voir si j'arrive à lancer une rumeur de petit bâtard.*

Votre objectif est donc d'agir fidèlement à ce fantasme : créer la tension sexuelle sur le lieu du travail et la consommer sur le lieu du travail. Pas une mince affaire. Plus encore que dans les autres situations, la clef du succès ici sera de tâter le terrain et d'agir avec parcimonie. Vous avez envie (et besoin pour votre carrière) de laisser planer le doute le plus longtemps possible. Car on le rappelle, en cas de déroute, vous pourriez vous retrouver non seulement frustré(e) sexuellement mais également sans emploi ! Ce qui serait somme toute fâcheux pour votre petite gueule ☹

=> Enjeu : l'email pour développer une tension sexuelle sur le lieu du travail.

Le timing est important. Agissez par étapes certes mais toujours à un moment propice : en fin de journée. Pourquoi ? D'une, parce qu'une bonne partie du bureau est déjà partie (#fonctionnaires), ce qui crée *de facto* une petite intimité. De deux, parce que c'est le moment où l'on pense à ce que l'on va faire en rentrant du travail (comme regarder *Top Chef*, lol). Il est donc plus facile d'aborder un sujet non professionnel voire de dévoiler son zizi à ce moment-là.

Voici donc mon approche pour débuter ce processus de création de tension sexuelle tant attendue avec votre supérieur(e). On suppose que vous le/la vouvoyez pour complexifier l'exercice.

« Bonsoir, vous n'êtes pas encore parti(e) ? J'aimerais vous montrer quelque chose et c'est énorme… »

Restez évasif/ve sur le « quelque chose d'énorme » pour faire galoper l'imaginaire de votre patron(ne) en cette heure tardive. Elle/il pourra s'interroger à juste titre : « Tiens quelle est donc cette chose énorme ? Je suis curieux… Est-ce un dossier important ou bien souhaite-t-il/elle me montrer son zizi/ses *boobs* ? »

Une fois que votre boss a répondu, allez dans son bureau pour lui montrer un truc bien pourri et bien professionnel – genre un tableau Excel avec beaucoup d'onglets ou une présentation Powerpoint avec des graphiques – pour frustrer votre supérieur(e) qui aurait certainement préféré voir une zigounette ou des *boobs* en cette fin de journée éreintante.

Fort de ce pas en avant, continuez l'exercice les jours et les semaines suivantes en variant les styles mais toujours sur le mode du *teasing* et de l'ambiguïté. Et faites monter la sauce petit à petit. Par exemple, laissez sur le bureau de votre boss un Schoko-Bon quand elle/il s'est absenté(e) avec un petit mot signé d'un pseudonyme rigolo que vous aurez déjà utilisé lors de vos échanges privés de mails. Tout le monde adore les Schoko-Bons, ça lui fera plaisir. La semaine d'après, dessinez un chemin de pétales de rose entre la machine à café et son bureau. Signé de votre nom. Non je déconne, ça ne le faites pas. RESTEZ DISCRET ;)

L'astuce de Steeve : le faux email envoyé par erreur ou « l'accélérateur de tension sexuelle »

C'est une astuce ultime que j'ai inventée pour accélérer la mise en place d'une tension sexuelle. Ce stratagème fonctionne mieux si vous êtes une femme et que vous tentez de séduire votre boss. Le plan simple et génial se décompose en 4 étapes :

1) Prenez une photo de vous en petite tenue.
2) Écrivez l'email suivant avec cette photo de vous en PJ : « Hey Laetitia, voilà la tenue que j'ai achetée pour demain soir ! Tu valides ? » Ici le prénom « Laetitia » renvoie à une copine complètement fictive, comme si vous comptiez lui envoyer un email dévoilant une tenue affriolante de vous-même pour lui demander son avis. Tout à fait normal jusqu'ici.
3) Mais c'est là que le plan révèle tout son génie : envoyez cet email « délibérément par erreur » à votre boss qui verra alors votre photo « envoyée par erreur ». Il aura certainement une érection !
4) Là, avant d'attendre sa réponse, renvoyez un email dans la foulée vous confondant en excuses et lui expliquant que vous demandiez l'avis à une copine sur votre nouvel achat et que vous vous êtes trompé(e) dans l'envoi du mail.

Sans doute sourira-t-il de votre erreur sans savoir que vous l'avez piégé. Votre boss ne vous regardera alors plus jamais de la même manière. Vous aurez bien entourloupé son cerveau de keum. Cette photo finira par l'obséder. Il finira par s'arracher les cheveux (sauf s'il est chauve bien sûr ! Mais en même qui veut draguer un chauve ? lol) en vous voyant entrer dans son bureau chaque jour en tailleur. Ça sera dans la *pocket !*

c) La drague de type « latérale » : Jean-Louis ou Corinne est au même niveau hiérarchique.

Note : le saviez-tu ? Si vous écrivez « privé » en objet de vos emails, il devient illégal pour votre employeur de regarder le contenu de votre message. Cette petite astuce législative est très utile au moment où vous envoyez le premier mail un peu personnel. Bien sûr, ça n'a aucun sens si vous tentez de draguer votre boss. C'est pour ça que je n'ai pas partagé cette astuce plus tôt. #astuced'astuce

Le cas le plus classique. Lorsqu'on tente d'encanailler un(e) collègue de niveau hiérarchique identique, il faut partir de ce qui vous unit : vous travaillez dans la même entreprise, peut-être sur des dossiers identiques. Après avoir suivi la théorie générale (multiplier les contacts physiques dans l'ascenseur, au restaurant d'entreprise ou aux pauses-café), vous pourrez commencer à distiller quelques habiles emails. Et petit à petit l'oiseau fera son nid.

L'email type pour démarrer le processus : l'angle d'attaque de la critique du système (ou la recherche de connivence).

« Salut Corinne/Jean-Louis. J'espère que le thé jasmin est toujours aussi bon ;) Je t'écris pour savoir si tu as les données chiffrées du nouveau plan marketing. Les autres services sont toujours un peu lents (je ne t'apprends rien !). En tout cas j'ai hâte d'être en week-end et d'avoir fini cette semaine ! »

Avec un tel mail, vous atteignez le juste équilibre entre le prétexte professionnel (la raison d'être de cet email) et la connivence potentielle pour faire basculer le sujet de la conversation par la suite en appuyant sur un réflexe bien français : la critique du système. Un sentiment largement partagé chez les salariés français qui prennent plaisir à répéter en boucle : « Pfff trop de boulot. » Gardons à l'esprit que le milieu professionnel est par nature un lieu sans intimité. Ce qui est un avantage car alors l'email devient l'unique soupape d'intimité pour dire tout ce que l'on pense et s'extirper de la trivialité des conversations d'ascenseur sans avoir peur des réactions d'autrui. Une fois cette première ouverture d'intimité établie, vous pourrez envisager des discussions exclusivement personnelles en dérivant par associations d'idées. Par email, vous avez moyen de lui faire partager des « petits sons qui font plez » pour « l'aider dans son travail ». Une belle astuce de pointu :

« Tiens, un petit son pour supporter ta journée ! »

La musique est parfaite pour créer la connivence par email. Vous pouvez également envoyer des articles rigolos trouvés sur le Web (ex : une étude sur la fellation) et jauger sa réaction sans trop vous mouiller : « Tiens j'ai lu cet article intéressant sur les rapports sexuels au travail... c'est dingue, ça arrive plus souvent qu'on le croie ». Voyez comment il/elle réagit. #astuce

Une fois que la connexion est bien établie dans le virtuel et que ça envoie du *smiley*, rebasculez vers le « physique » grâce à des emails instantanés : « pause-café ? », puis plus tard en fin de journée « Tu pars bientôt ? Tu prends le métro/bus ? » Si vous arrivez à faire coïncider vos départs avec les siens, vous serez en mesure de faire le voyage « retour » ensemble. Vous pourrez profiter de ce moment d'intimité pour aller encore plus loin en lui posant des questions importantes. Exemples parmi tant d'autres : « Tu as des enfants ? des animaux de compagnie ? Quel est ton chanteur préféré ? Es-tu plutôt double levrette avec claque sur les fesses ou sans ? »

Bientôt l'intimité sera totale et la tension sexuelle palpable. Vous serez alors légitime pour lui proposer un « petit verre en *afterwork* » afin de le/la pécho.

d) La drague de type stratégique : Jean-Louis ou Corinne travaille aux ressources humaines ou au service de restauration.

Enfin 4e type : la drague stratégique. La tentation de séduire dans le but de s'octroyer quelques faveurs est humaine... Car oui, parfois la séduction n'est pas uniquement sexuelle, elle peut être intéressée. Ex : draguer la/le DRH pour obtenir sa promotion ou, plus malin encore, draguer la personne en charge du restaurant d'entreprise qui a le pouvoir de te mettre bien niveau frites tous les midis. #astuce

- **Séduction sur le/la DRH**

Les RH sont compliqués à gérer car ils font bien attention à ne pas copiner. En effet, ils font souvent partie des arbitres décisionnels pour décider des promotions et changements de postes et ne veulent pas être accusés de partialité. Il faudra donc copiner avec discrétion, c'est-à-dire uniquement par email. Après un entretien RH de courtoisie, renvoyez le petit mail de lèche-cul qui va bien :

« Merci pour votre temps. C'est agréable d'être dans une entreprise où l'on se sent écouté. Votre bureau est très bien décoré. »

Le compliment du bureau passe toujours bien. N'hésitez pas à ajouter en PJ un bon pour un massage d'une heure dans un spa. #corruption

• Séduction sur la personne en charge du restaurant d'entreprise qui peut te mettre bien niveau frites

N'oubliez pas : envoyer un email de but en blanc sans contact physique au préalable serait forcément perçu comme de la drague intéressée. Or vous avez besoin de vous attirer les bonnes grâces de cette personne au pouvoir enviable : chargé(e) de déterminer la quantité de frites administrée à chaque assiette du restaurant d'entreprise. Il faut donc gagner sa confiance. À nouveau, la stratégie *offline/online* se déploie avec majesté. Commencez votre processus séductionnel par des mots gentils à la cantine : « Superbes ces frites, merci de nous apporter tant de bonheur au quotidien. » Puis soyez un peu espiègle en demandant par email ce qu'il y aura au menu du jour, et ajoutez quelques *smileys* qui tirent la langue pour bien lui montrer que vous avez très faim ! La double ration de frites gratos sera alors très vite dans la poche ! Ne me remerciez pas.

4) Comment se protéger en cas d'accusation de harcèlement sexuel par email : l'antidote

Bien sûr ça ne marche pas à tous les coups, sinon ça serait facile. Si l'accusation de harcèlement sexuel vous tombe dessus, vous n'avez pas 36 solutions. Il est toujours inquiétant de recevoir de la part d'un collègue :

« Peux-tu arrêter de m'écrire 40 mails par jour, j'ai du boulot, je n'ai pas que ça à faire. Sinon j'en informe les ressources humaines. »

Sale histoire. Vous avez tenté, vous avez échoué comme une baleine. Lol. Les aléas, le mauvais timing, peut-être des erreurs d'approche. Peut-être que lui demander son avis sur la sodomie dans un mail professionnel n'était pas suffisamment subtil. Peu importe, vivez sans regrets et tentez de laver l'affront qui vous est fait. Je propose deux stratagèmes :

a. L'accusation d'autrui :

« Oh dis donc, je suis désolé, quelqu'un m'a encore hacké ma boîte mail ? Désolé, hein c'était une blague de mes collègues de bureau… Y sont relous :/ »

Beau subterfuge souvent utilisé en politique : accusez autrui pour vous dédouaner moralement et aux yeux de votre cible.

b. Le *smiley* clin d'œil, soupape de sécurité :

« Attends mais je déconne quand je te disais si ça te disait de me sucer dans les chiottes, hein, c'était une blague t'inquiète ;) »

Le *smiley* clin d'œil sera votre bouclier sur le champ de bataille de la séduction en milieu *corporate*. Le « c'était une blague t'inquiète » fonctionne en général. Après tout, vous êtes un boute-en-train. LOGIQUE !

Conclusion :

Je n'ai pas cherché à vous le cacher, la séduction en milieu *corporate* est un sport dangereux. Mais comme dans tous les sports extrêmes, c'est cette adrénaline qui reste le plus doux des moteurs et qui nous rappelle que la vie vaut la peine d'être vécue. Comme lorsque l'on envoie cet email en privé à Christelle lui demandant ce qu'elle fait ce week-end et si ça ne lui dirait pas d'aller à cette soirée qui a l'air cool, tout ceci accompagné d'un *smiley* souriant et de petits points de suspension qui en disent long sur vos intentions. Va-t-elle répondre ? Y aura-t-il un *smiley* dans son mail également ?

L'audace. Le panache. Voilà le grand dessein de la séduction en milieu *corporate*.

Le courrier des lecteurs :

« Salut Steeve, Corinne de la compta m'a fait accuser de harcèlement sexuel au travail. Or, j'avais simplement demandé un coup de main sur un dossier important en lui envoyant ceci : "Ce matin, je suis un peu tendu. Pourriez-vous m'astiquer le poireau s'il vous plaît Corinne ? Merci d'avance. Élie". Je suis désormais en prison en attendant mon procès. Que faire ? Merci de votre retour. » Élie Minet, un homme brisé.

Bonsoir Élie, Je ne te cache que ton message m'a ému et je ne doute pas que la justice saura faire toute la lumière sur cette sombre histoire. Ce qui me révolte, c'est que tu avais pourtant dit « s'il te plaît » dans ce message ☹. Comme je hais les injustices, je te conseillerai en premier lieu d'envoyer un message d'excuse avec une photo du légume en question fraîchement déraciné pour préciser qu'il y a eu méprise. Si cela ne fonctionne pas, attaque cette mégère aux prud'hommes pour non-assistance à poireau en danger. Bonne chance ! Steeve est de tout cœur avec toi.

Le Queeze final
pour vérifier les compétences acquises :
Êtes-vous un chef séducteur 2.0 ?

OK, vous êtes resté bien tranquille jusqu'à présent, maintenant au boulot ! C'est l'heure de passer le Queeze ultime pour vérifier les acquis et savoir si vous êtes un chef séducteur 2.0.

Faites attention à bien lire les questions, parfois c'est subtil ;)

BONNE CHANCE LES AMIS !

Question 1 : J'ai rencontré Charlotte lors d'une soirée, elle m'a bien plu, j'ai un peu discuté avec elle, elle m'a donné son numéro. Je lui écris :

A) « Yo, c'était cool de te rencontrer, au plaisir de te recroiser très bientôt. »

B) « Ceci est un pigeon voyageur : j'aimerais te revoir. Que dirais-tu d'une expo dans la semaine ? Tout est dans l'objet de ce pigeon voyageur. »

C) « Salut Martine, c'était cool hier soir ! On se revoit quand ? »

D) « J'ai repensé à ce que tu m'as dit sur le cinéma indépendant. Je serais ravi de discuter plus longuement de ce thème. Ça te dit un café (ou un thé) après le boulot cette semaine ? »

E) « Bonsoir jeune demoiselle, ça te dirait que je te démonte la rondelle ? #rimeriche »

Réponse :

Les réponses correctes sont la B ou la D ! C'est une rencontre fortuite, vous avez un peu discuté voire déliré ensemble, il faut profiter de cette fenêtre de tir. La A est trop passe-partout et ne propose rien, la mention « très bientôt » étant trop approximative. La B a le mérite d'être plus claire, vous prenez les devants, et l'avantage d'une expo, c'est que c'est moins engageant (et donc moins effrayant) qu'un verre en tête-à-tête qui s'apparente d'entrée de jeu à un *date*. Cependant essayez de trouver une meilleure vanne que celle du pigeon voyageur (là c'est vraiment pas hyper drôle :/). La D fonctionne très bien si vous avez parlé de cinéma indépendant, sinon vous passerez pour un fou. La C aurait pu fonctionner, malheureusement vous vous êtes trompé de prénom (ou de destinataire). Dommage. Quant à la réponse E, ce n'est bien entendu pas la bonne réponse (même si j'avoue que la rime est bien trouvée !).

Question 2 : Je suis en couple depuis 10 ans. La routine fait que j'ai envie de faire l'amour avec fougue à la sœur de ma compagne : je fais quoi ?

A) Je lui envoie un *inbox* de pointu.

B) Je tente un Skype pour lui demander un strip-tease à la caméra comme un petit puceau.

C) Je lui envoie un texto ambigu pour créer une tension sexuelle.

D) Je lui envoie un *snap* juste pour tâter le terrain.

E) J'arrête d'être un petit enfoiré et je tente de recréer le désir originel que j'éprouvais envers ma compagne grâce aux nouvelles technologies (sexto, *sex-toy*, etc.).

Réponse :

La bonne réponse est la D ou la E. Il s'agit de la sœur de votre compagne, il est donc problématique de lui faire savoir que vous désirez déposer votre sexe sur sa poitrine. Vous risquez de vous faire choper, ce qui créera certainement une bisbrouille familiale. À la rigueur, envoyez un *snap* pour évaluer son intérêt…

Question 3 : Je suis en couple depuis 10 ans. La routine a rendu mes rapports sexuels avec Martine ennuyeux. J'ai décidé de lui envoyer des sextos pour remettre du piment dans nos épinards. Je lui envoie :

A) « Mon slip frétille d'impatience de te revoir ce soir, ma petite s***pe. »

B) « Je t'attends dans une chambre d'hôtel avec du champagne. Il porte le même nom que l'hôtel où nous avons passé notre lune de miel. Tu as 30 minutes pour me trouver. »

C) « Ton cadeau t'attend » accompagné d'une photo de vous en train de vous administrer un sévice corporel tout en arborant une tenue de *Catwoman*.

D) « Mon nouvel achat » accompagné d'une photo de vous en slip kangourou.

E) « Je suis nu dans un club échangiste, je t'attends mon sucre d'orge. »

Réponse :

Réponse B. C'est la Rolls-Royce du sexto. La A aurait pu faire l'affaire mais traiter votre femme de s***pe n'est pas hyper cool. La E est possible mais inenvisageable *ex nihilo* : elle nécessite une discussion au préalable pour déterminer si vous êtes tous les deux chauds pour ce type de discipline. La D peut faire l'affaire, tout dépend de la photo et surtout du slip. Enfin, je trouve la C un peu audacieuse au regard de plusieurs années de routine. Ne mettez pas la charrue avant les bœufs.

Question 4 : Il est 4 heures du matin, je n'ai toujours pas réussi à choper, je suis en boîte de nuit. J'ai envie de ken. Problème : mon plan cul est à l'autre bout de la ville et semble vouloir rentrer car il/elle a très faim : qu'est-ce que je lui dis ?

A) Je lui promets de lui acheter un kebab.

B) Je lui fais une promesse de bonheur en mode *teasing* : « Franchement tu vas rater quelque chose si tu me rejoins pas. »

C) Je lui prépare des coquillettes au fromage.

D) J'enduis mon sexe de parmesan.

E) Je ne fais rien, je lâche l'affaire et je mise tout sur les ultimes *gremlins* célibataires de la boîte de nuit.

Réponse :

Réponse C. Les coquillettes au fromage, c'est toujours la solution à ce moment-là de la soirée. Oubliez les mauvais *teasings*, à 4 heures du matin il faut du concret ! Oubliez aussi le parmesan sur votre zigounette, ce n'est pas très hygiénique. Quant à la E, elle nécessite un respect de soi-même à géométrie variable. Parfois, mieux vaut rentrer seul qu'accompagné d'un *gremlin*. Hiérarchisez vos envies avant d'agir.

Question 5 : Je viens de *matcher* avec un véritable avion de chasse sur Tinder. Je fais quoi ?

A) J'attends qu'elle vienne me parler en premier parce que je suis quand même un gros bogosse et je veux la jouer « distant ».

B) Je tente de la faire sourire : « C'est dommage, j'aurais tellement aimé que tu ne sois pas un robot :/ »

C) Je me présente et je montre que je suis un peu viril : « Je dis des gros mots devant ma mère, tu vas faire quoi ? »

D) Je me présente et j'attise sa curiosité avec une question espiègle pour faire la différence avec mes concurrents : « Si tu devais commettre un génocide, tu pencherais pour quelle population ? »

E) « Je me présente, je m'appelle Henri. »

Réponse :

Quel est l'intérêt de la jouer « distant » sur un site de rencontre, par nature à distance ? La A n'a donc pas de sens. La C est un beau pied-de-nez à l'autorité, mais ça peut la refroidir. Elle pourrait se dire que vous êtes vraiment trop instable comme mec. La réponse D a le mérite d'être originale mais reste inquiétante pour la destinataire : le génocide n'est peut-être pas le thème approprié pour la question espiègle. Quant à la E, elle ne marche pas si vous ne vous prénommez pas Henri. Donc, ma recommandation stratégique : la B (ou la E si tu t'appelles Henri).

Question 6 : J'ai vu ce keum trop beau (*cuuute*) sur une photo Facebook d'une copine à moi. J'ai vraiment envie de me le pécho mais je ne l'ai jamais rencontré en vrai. Qu'est-ce que je fais ?

A) Je vérifie qu'il habite la même ville et qu'il n'a pas de meuf et je l'ajoute sur Facebook.

B) Je vérifie qu'il habite la même ville et qu'il n'a pas de meuf et je l'ajoute sur Facebook et je lui envoie un message privé.

C) Je vérifie qu'il habite la même ville et qu'il n'a pas de meuf et je l'ajoute sur Facebook et je lui envoie un message privé et je lui envoie une photo de mes seins.

D) Je lui envoie une photo de mes seins.

E) Je le poke.

Réponse :

La E n'est plus possible malheureusement, Facebook ayant retiré cette fonctionnalité inutile depuis quelque temps désormais. La D est ambitieuse mais fonctionnera uniquement si vous avez une poitrine généreuse. La B reste la solution la plus envisageable et la plus normale dans l'exécution. Attention à trouver un prétexte pertinent pour le contacter de but en blanc de la sorte, comme « J'aimerais qu'on fasse l'amour bientôt » par exemple.

Question 7 : Je m'appelle Corinne, j'ai 38 ans. Je suis directrice marketing et pour information, on m'appelle souvent « La Milf ». Mon problème ? J'ai un nouveau stagiaire, Jérôme, à qui j'aimerais bien croquer le slip. Malheureusement je suis sa supérieure hiérarchique. Comment puis-je poncer le petit Jérôme sans m'attirer les foudres de la direction ?

A) Je lui envoie une photo de moi nue « par erreur ».

B) Je lui envoie des messages avec l'objet « privé » pour lui préciser qu'un lien personnel est en train de naître entre lui et moi.

C) Je l'exploite jusqu'à tard le soir en lui donnant des présentations PowerPoint sur des sex-toys afin de créer la tension sexuelle.

D) J'opte pour l'ambivalence entre une attitude publique froide et charismatique et une attitude par email plus détente et je tente de provoquer la revoyure en dehors du travail en évoquant mes plans pour le week-end.

E) J'appelle sa mère pour lui demander l'autorisation auparavant.

Réponse :

La A est un *best practice* de la séduction en entreprise. Mais elle est risquée dans ce schéma séductionnel précis : si Jérôme se réjouira forcément de recevoir une photo dénudée de sa supérieure hiérarchique, il pourrait en profiter pour vous demander un CDI, le bougre ! En revanche, la solution D résume bien l'attitude que vous devez avoir dans votre situation. Consommer la tension sexuelle à l'extérieur de l'entreprise est votre objectif ! Je suggère l'ajout de la mention « privé » au bout de quelques semaines si vous lancez ce processus, donc la B fonctionne mais n'est pas suffisante. Ça lui enverra un petit message subliminal comme quoi il y a ambiguïté sous roche. Lol. La C est envisageable si vous travaillez dans un secteur assez proche des sex-toys, sinon ça pourrait faire louche. Enfin, n'appelez pas sa mère, vous êtes légitime Corinne, ne l'oubliez pas.

Conclusion :

- Si vous avez entre 0 et 1 bonnes réponses sur 8 : vous êtes une chips de la séduction. Retournez consolider vos bases.
- Si vous avez 2 ou 3 bonnes réponses sur 8 : vous êtes un petit Padawan de la séduction, c'est-à-dire qu'il est possible que vous maîtrisiez les rudiments du texto et de l'*inbox* Facebook, mais vous péchez souvent dans le dernier geste (au moment où il faut sortir votre zizi par exemple). La faute à un manque d'expérience qui ne pardonne pas. Ne vous inquiétez, c'est en textotant qu'on devient séducteur 2.0. Patience !

- Si vous avez entre 4 et 5 bonnes réponses, *errare humanum est*. Vous possédez de solides compétences à n'en pas douter, mais parfois vous souhaitez trop bien faire, ce qui finalement est contre-productif. Une leçon de séduction, ça ne s'apprend pas par cœur, ça se digère. Laissez-vous le temps de mûrir niveau séduction 2.0, ne gravissez pas trop vite les échelons. Vous êtes en bonne voie ;)
- Si vous avez 6 bonnes réponses : félicitations, vous êtes un chef séducteur 2.0 ou une chef séductrice 2.0. Au fur et à mesure des années, vous avez su développer une vraie agilité au niveau des doigts et de l'esprit. Vous pouvez envoyer un texto séductionnel sans les mains tellement vous êtes fort(e). Les hommes-troncs vous envient.
- Si vous avez 7 réponses sur 7 : Steeve, arrête de passer ce test !

Bonus : 4 messages pour éconduire une conquête et partir comme un(e) prince(sse) sans passer pour un(e) petit(e) enfoiré(e)

Bon, je ne pouvais pas vous quitter sans vous donner un ultime cours magistral de sociologie séductionnelle. Ne nous voilons pas la face, nous savons que le texto n'est pas utilisé seulement pour le rapprochement mais également pour larguer autrui comme une petite fiotte peureuse, et que ce phénomène n'est malheureusement pas limité aux ados de moins de 14 ans (on ne vous félicite pas, les adultes). Bon, également, larguer par texto plutôt que face à face peut vous faire gagner du temps et protéger votre intégrité physique. N'empêche qu'autrui a un cœur, donc il y a des règles. Si on ne vous complimentera jamais pour votre courage dans ce type de largage, vous pouvez néanmoins limiter les dégâts réputationnels pour vous, grâce à nos conseils. Oui, mesdames et messieurs, quitter quelqu'un par texto ou Facebook peut se faire avec (un peu de) classe. Avez-vous vraiment envie qu'on dise de vous que vous êtes un petit enculé ou une petite connasse ? Comment assurer une sortie de route digne d'un(e) prince(sse) ? Rappel des enjeux.

L'objectif : être ferme mais toujours veiller à laisser des portes ouvertes en cas de future disette sexuelle. Car faut pas déconner non plus, on ne sait pas de quoi l'avenir sera fait.

La règle : chercher à se dédouaner, pour que votre interlocuteur ne vous en veuille pas personnellement. Oubliez les formules fumeuses du type « Je ne sais plus où j'en suis » car vous passerez pour une petite lopette du texto (ça vaut aussi pour vous, les meufs !). Non, il faut être créatif et trouver des prétextes pour ne pas leur briser le cœur. Croyez-moi, c'est tout un exercice.

1) L'approche n° 1 : le déménagement fortuit et forcé

« Hello, ce que je vais t'annoncer va certainement te déplaire, mais je viens d'apprendre que je suis muté à l'étranger en Australie. Un cabinet de chasseurs de têtes m'a offert un pont d'or, me jugeant exceptionnel. Je pars demain matin malheureusement. C'est une opportunité qu'on ne rencontre qu'une fois dans une vie. Ah les aléas... J'espère de tout cœur que nos chemins se recroiseront. Je t'embrasse. »

Choisissez une destination très très lointaine (l'Australie, la Nouvelle-Zélande, Tahiti, etc.) pour être bien certain que votre interlocuteur ne soit pas tenté(e) de rétorquer : « Et si on essayait à distance… avec Skype et tout je suis sûr qu'on peut y arriver ! » ou encore « OK je te suis ! Je t'aime… »

Profitez aussi de l'occasion pour vous faire mousser et passer pour un businessman désiré de tous. Eh oui, on n'oublie pas la règle d'or (être ferme sans passer pour un petit enculé tout en gardant des fenêtres de tir, juste au cas où). Bien évidemment, cette approche est conditionnée par la nécessité d'habiter une grande ville (> 1 million d'habitants). Si vous habitez un village de 73 habitants, il y a des chances que vous recroisiez cette personne que vous venez d'éconduire non sans panache. Car vous l'aurez compris, toute cette histoire de promotion en Australie n'est qu'un énorme mytho. En fait vous êtes au chômage mais c'était juste une façon pour mieux faire passer la pilule et ne pas avoir à vous justifier. « En fait je te quitte parce que je ne t'aime pas suffisamment pour refuser de tremper le biscuit ailleurs. C.Q.F.D. » Vous avouerez que ça serait un peu salaud :/

2) L'approche n° 2 : la révélation

« Salut, cette nuit j'ai eu une révélation. Dieu m'a parlé. J'ai décidé de partir au Laos pour faire une retraite avec des moines locaux. N'essaye pas de me retenir, je suis animé par le souffle divin. A-DIEU (lol). »

Ce texto marchera encore mieux si la personne que vous êtes en train d'éconduire est croyante. Double avantage : non seulement vous lui aurez tranquillement fait comprendre que votre relation s'arrête dorénavant, mais en plus vous serez passé pour un être pieux et pur à ses yeux : vous serez alors libre pour aller tremper le biscuit ailleurs. #astuce #thankyoujesus

Note : rajouter de l'humour est toujours un plus. Ex : à Dieu, adieu. lol.

3) L'approche n° 3 : l'espièglerie de la MST

« Salut, depuis quelques jours j'ai des champignons qui poussent sur le zizi. Je pense que j'ai une petite syphilis. Il faudrait peut-être qu'on ne se voie pas pendant quelque temps afin de soigner ce fromage purulent qui envahit inopinément ma verge. J'espère que tu me comprends :/ Embrasse ta mère pour moi ! »

Certes, ce n'est pas un texto de rupture conventionnel, mais c'est un bon moyen pour que votre interlocuteur ne veuille plus jamais vous revoir. Notez qu'avec cette approche vous ne laissez pas trop de portes ouvertes à une future retrouvaille, mais au moins vous ne serez pas passé pour un petit enculé. Seulement pour une victime de plus de cette tragique syphilis. Et le bonus réside dans l'ascenseur émotionnel que vous procurez à votre destinataire : la personne sera tellement soulagée après son test de MST qu'elle ne vous en voudra même pas de l'avoir largué(e). #astuce

4) L'approche n° 4 : le combo « changement de sexe et *coming out* »

« Salut, en fait j'ai changé de sexe. Donc ça va être compliqué de se revoir *a priori*. En plus je crois que je suis gay finalement. Cette société intolérante m'a poussé(e) à me cacher durant des années par peur d'être victime des quolibets et des brimades de mes camarades. Déso, j'espère que tu me comprends :/ Bonne continuation ! P-S : tu peux garder les 3 euros que tu me dois t'inquiète ;) ! »

Plus risqué niveau réputation, ce texto a le mérite de vous faire passer pour une victime et fera naître quelques larmichettes dans les chaumières à votre égard : vous le transsexuel martyr. Si ça, ce n'est pas partir comme un prince, je ne sais pas ce que c'est !

5) Bonus du bonus : l'approche Valérie Trierweiler

« Merci pour ce moment… »

Sobre et efficace. Les trois petits points. Puis faites le mort. Vous resterez à tout jamais un être de mystère pour le destinataire grâce à ces trois petits points mystérieux. #génie

Le mot de Steeve

J'ai lancé mon blog Le Sociologue il y a deux ans pour m'amuser, sans trop savoir où ça me mènerait. Bien évidemment, je n'ai jamais pensé une seule seconde que ça me conduirait à écrire un livre sur la séduction 2.0. Comme quoi : la vie, c'est une sacrée aventure.

Steeve Bourdieu, l'illustre sociologue, tient donc à remercier l'ensemble des personnes sans qui ce livre – essentiel pour la survie de l'humanité – n'aurait pas pu voir le jour, à savoir lui-même, mais aussi Fleur qui est venue me proposer le projet et qui a dû mettre la main à la pâte moult fois pour contrôler mes excès de lyrisme et adoucir mes accès de vulgarité.

Je profite aussi de cette tribune pour dédier ce chef-d'œuvre à mes parents qui m'ont engendré, à mes potes d'école (le E4 : Arthur, Aymeric, Baudouin, Bastien, Guillaume, Irwin, Jeremie, Loris, Romain, Theo, Thibault, Victor, William) et d'enfance (2-6 représente, Charles, Mathieu, Loris, Vasken, Vins, Seb), qui ont été les premiers lecteurs de mon blog, à mes deux colocataires Anatole et Olivier (qui ne sont plus mes colocs mais que je continue de considérer comme mes colocs) et à Tristan de la Poncerie, pour leur soutien de toujours. Et Gros Big Up à mes deux acolytes d'écriture Clément (et sa grande trompe) et Jonathan qui me permettent de rêver plus grand #scenario #jesuispropriétaire et aussi à Arnaud et Manu des Wonderfools pour leur confiance et nos projets futurs. J'envoie également toute mon affection à mes lecteurs qui, un jour, ont pris la peine de lire et partager mes articles sur les réseaux sociaux. C'est aussi grâce à eux que Steeve est aujourd'hui multi-millionnaire en dollars.

Enfin et surtout, merci à Anne-Charlotte d'avoir eu l'idée géniale de s'inscrire sur Happn et de m'inspirer un peu plus tous les jours.

N'oubliez jamais que vous êtes des STARS pour les gens qui vous aiment.

Séductionnellement,

Steeve Bourdieu Le Sociologue

www.lesociologue.com

P-S : Like ma page Facebook si tu as ri à gorge déployée en lisant ce livre. Merci ça fait plaiz!

P-S 2 : Si mes astuces de séduction n'ont pas fait mouche, n'hésite pas à te plaindre à l'adresse suivante :

Steevejesuispascontent@gmail.com #serviceclient

Achevé d'imprimer en Italie par Grafica Veneta
en octobre 2015
Dépôt légal octobre 2015
EAN 9782290101773
OTP L21ELLN000656N001
—
Ce texte est composé en Lemonde journal et en Akkurat
—
Conception des principes de mise en page :
mecano, Laurent Batard
—
Composition : PCA
—
ÉDITIONS J'AI LU
87, quai Panhard-et-Levassor,
75013 Paris

Diffusion France et étranger : Flammarion

Librio

1157